本书由浙江省哲学社会科学规划课题（22NDJC075YB）"大数据背景下移动社交媒体数据开放和隐私保护悖论机制研究"项目以及浙江省高校重大人文社科攻关计划项目（2023QN040）资助，部分研究由绍兴文理学院科研启动项目（13011002004/141）资助。

大数据背景下移动社交媒体数据开放和隐私保护悖论机制

吴 丹 赵 江 著

中国财经出版传媒集团
中国财政经济出版社

图书在版编目（CIP）数据

大数据背景下移动社交媒体数据开放和隐私保护悖论机制／吴丹，赵江著 . ——北京：中国财政经济出版社，2023.5

ISBN 978 - 7 - 5223 - 2073 - 1

Ⅰ. ①大… Ⅱ. ①吴… ②赵… Ⅲ. ①互联网络－传播媒介－数据管理－研究 ②互联网络－个人信息－数据保护－研究 Ⅳ. ①G206.2 ②TP309.2

中国国家版本馆 CIP 数据核字（2023）第 045407 号

责任编辑：彭　波　　　　　　责任印制：史大鹏
封面设计：卜建辰　　　　　　责任校对：徐艳丽

中国财政经济出版社 出版

URL: http://www.cfeph.cn

E-mail: cfeph@cfeph.cn

（版权所有　翻印必究）

社址：北京市海淀区阜成路甲 28 号　邮政编码：100142
营销中心电话：010 - 88191522
天猫网店：中国财政经济出版社旗舰店
网址：https://zgczjjcbs.tmall.com
北京财经印刷厂印刷　各地新华书店经销
成品尺寸：170mm × 240mm　16 开　12.75 印张　201 000 字
2023 年 5 月第 1 版　2023 年 5 月北京第 1 次印刷
定价：68.00 元
ISBN 978 - 7 - 5223 - 2073 - 1
（图书出现印装问题，本社负责调换，电话：010 - 88190548）
本社质量投诉电话：010 - 88190744
打击盗版举报热线：010 - 88191661　QQ：2242791300

序　言

近年来，以微信、抖音等为代表的移动社交媒体的发展日新月异。用户可以通过社交媒体直接与私密好友或者陌生人建立良好的人际关系，并形成人与人之间良好的沟通过程。然而，随着移动网络环境的变迁，尤其是大数据技术的广泛应用，个人信息能够被企业或其他机构有效获取并控制在相对私密的环境下，成为传播学科下重要的"隐私悖论"问题。特别是由于个人信息共享给用户带来某些潜在收益或者直接收益非常显著，受众在享受即时沟通和资讯分享便利的同时，有可能直接或间接忽视了个人隐私，从而引起自身信息泄露。"隐私"这一概念具有难以界定的内涵和外延，不同的人对隐私范畴的理解各不相同。特别是当享受到移动社交媒体带来的"工具理性"时，用户可能更加依赖于数据或者媒体本身，从而进一步加强这种工具效果，而忽视了移动社交媒体存在的某种价值属性——正向价值属性和负向价值属性。当网络服务促进了用户的信息交换和内容生产时，移动社交媒体的正向价值属性就更加明显；而当网络服务通过非法手段获得用户信息并侵害消费者利益时，移动社交媒体所产生的负向价值属性就超过正向价值属性。可见，如何使用移动社交媒体工具属性，促进正向价值就成为企业和消费者面临的重要问题。在大数据时代，一方面，企业能够利用技术优势收集、使用和披露相关的个人数据；另一方面，用户却不知道自身的哪些数据被收集、使用和披露。显然，这种数据应用过程是不对称的。特别是由于用户处于数据接收端，其相对劣势地位在大数据时代更加明显：即使用户使用信息屏蔽、数据隐藏等手段隐匿自己的数据行为，但用户进行商品买卖所形成的相关商品的网络实时购买数据、产品搜索行为、网络偏好行为仍然能被移动社交媒体企业进行精准获取。即便这些数据在某个时间点或空间点来看是相对孤立的，但经过大数据技术如大数据关联分析、数据挖掘等对社交媒体用户相关信息进行数据整合，就能精准定位到用户的一系列隐私信息。

在大数据时代,企业进行市场营销的关键是能够对用户偏好行为进行精准分析,个人数据的精准获取能够成为企业进行市场营销的重要资源。数据资源的获取有利于企业进行商业推广、精准营销、产品迭代等。从企业发展来看,数据资源已经成为现代互联网企业的核心竞争优势。而随着各大网络平台的竞争加剧,个人信息滥用程度进一步加重,企业数据垄断现象带来的数据安全风险进一步提升。另外,海量的用户数据也对企业的数据管理和安全控制提出了更高的要求,特别是第三方机构在提供服务时往往要同企业进行数据的交换和共享,这也可能造成第三方风险。

在大数据时代,"数据安全"和"数据利用"成为企业一对不可避免的矛盾集合体。企业平台需要加强自身的平台安全意识,不断提高安全保护水平,通过技术手段,提升数据安全能力。移动社交媒体用户也需要加强自身的数据保护,在向平台提供数据进行服务时,应当考虑哪些数据能提供,哪些数据不能提供?哪些数据能隐藏,哪些数据不能隐藏?从行业层面,如果没有对数据的管理进行很好的行业监管,企业对用户数据获取将进一步增强。最终,移动社交媒体将形成寡头数据平台,相关数据的使用都集中在寡头企业手中,用户的利益将不可避免地受到损害。特别是由于行业缺乏必要的市场竞争,行业的整体利益必将受到严重损害。从国家层面,数据安全法明确规定了各地区、各部门对本地区、本部门工作中收集和产生的数据及数据安全负责。从整体来看,虽然这种属地管理和部门管理的原则在一定程度上分散了我国网络信息监管部门的责任。但是,一旦相关的管理部门在某个环节发生问题,移动社交媒体的数据安全管理可能出现较大漏洞。即使针对管理部门的失职问题进行追责,也有可能出现各个部门互相推诿现象。因此,如何从国家层面设定有效的数据安全管理模式并构建完善的法律制度保护用户的数据安全,不断提升数据安全的有效性也成为数据管理者的重要任务。

该书的两位作者是国内研究社交媒体领域的具有一定影响力的青年学者。该书旨在以大数据的应用为主要背景,充分考虑了当前移动社交媒体的前沿发展方向和不同的移动社交媒体类型,深入剖析了数据开放和隐私保护的具体悖论机制。这一悖论的核心在于数据开放程度和隐私保护程度究竟如何,并将其动态平衡作为研究结论。通过不同的维度阐释了两者平衡的内在属性。全书通过大量实例使读者理解当前企业利用数据和加强隐私保护的具体措施，强调企业对移动社交媒体数据的使用必须限制在一定的范围，不能超过必要的数据界限，而用户的利益也需要限制在一定的范围。两者的动态均衡始终是企业追求的方向。可见，这一研究独辟蹊径，有别于单纯的研究移动社交媒体的某一方面。此外，作者所选择的移动社交媒体也具有一定的代表性，相关的移动社交媒体隐私案例同样给人留下了比较深刻的印象。希望这一学术专著的出版能够为中国移动电子商务发展以及移动社交媒体企业数据安全和管理提供必要的理论依据和智力支持。

总之，该书对移动社交媒体信息安全、数据资源利用都有重要的启示作用，相关的研究结论也具有较高的学术价值。

绍兴文理学院副校长　沈赤　教授

2022 年 11 月

前　言

随着智能手机的普及和移动互联网 5G 时代的到来，截至 2021 年 12 月，中国的移动终端用户规模已经突破 12 亿人。移动社交行业的覆盖人群以及用户使用社交网络的时间也不断上升，移动社交网络已经成为用户进行交流的必要工具。从"微信"作为移动社交软件并成为中国智能手机的重要软件算起，"微信"已经逐步构建成了一个庞大的生态系统。"微信"已经在中国垄断了移动社交媒体用户超过 10 年。倘若从 2009 年 8 月"微博"正式上线算起，中国移动社交媒体已经整整迈过了 13 个年头。中国移动社交媒体也从萌芽逐步发展到成熟阶段，日益影响大众生活的方方面面。截至 2022 年 6 月，我国移动社交用户规模已经突破 9 亿人，相比 2021 年同期增长了超过 7.1%。当前，移动社交媒体的类型十分丰富，用户通过移动社交媒体进行交流的方式也更加完善。从基础流量角度，微信、抖音、微博等已经成为移动社交媒体的三大流量平台，几乎垄断了我国移动社交媒体流量的 70%。从增量角度来看，近三年来，小红书、B 站、知乎和抖音的人群增长非常迅速。社交媒体平台不同于传统的网络平台，其更强调用户生成内容为核心特征，通过用户的反馈和交流，各种互联网服务功能更加完善。可见，移动社交网络不仅改变着网络服务模式，更深刻变革网络交流的形式和信息传递的方式，信息的传递也不再是"管道"，而是"高速公路"，传递范围和传递速度的提升都有了质的飞跃。

微信的发展带动着人与人的交流方式的变化，从传统的电话沟通、短信互发的方式已经更多地转变为语音互动、视频交流、朋友圈点赞、网络群聊等模式。而随着移动互联新技术的广泛应用以及市场的需求，各类垂直社交媒体争相涌现，尤其是短视频类社交媒体已经成为社交的新的发展趋势。可以说，移动社交媒体改变了中国的社群关系、工作方式。每一个人已经形成了新的信息源，通过移动社交媒体对信息进行加工、反馈、传递，甚至创造更多的个性化信息。信息的传递机制和生成机制发生了翻天覆地的变化。同时，媒体舆论、社会治理的模式也悄然发生着变化，以往的社会驱动都是自上而下的外部驱动，而当前社会的治理越来越呈现由下而上的内部驱动。在这一驱动过程中，移动社交平台起着越来越重要的作用，包括移动社交媒体的众包模式、人工智能模式发展更加迅速，由此带来了社会经济的快速发展。特别是自2019年以来，由于新冠肺炎疫情对社区居民生活、出行的影响，传统的面对面交流受到更多的限制。用户更多关注新的产品应用场景，包括社区（Community）、非接触式（Contactless）、清洁度（Cleanliness）以及同情（Compassion）场景，这类场景下的社交信息交流，以及围绕场景社交所衍生的产品销售使移动社交媒体的利用无论是在产品广度和深度方面都更加广泛。可见，移动社交媒体不仅承载了用户的即时通讯需求，还承载了包括用户的在线支付、数字视频等多元功能。从移动社交媒体的应用领域来看，围绕移动社交媒体已经形成了包括日常沟通、购物、娱乐、学习交流、社会治理等多元化的传播市场。

移动社交市场也发生了更多的变化，包括职场社交软件、匿名社交软件、交友软件等垂直型社交产品不断涌现。另外，场景类社交软件，包括美拍、Blink等场景化软件发展日趋成熟。移动社交媒体通过"场景化表达"进一步彰显了个体性和公共性的均衡发展。然而，社交媒体的发展带来了很多潜在的问题：第一，信息茧房。社交媒体的发展使人们更多地沉溺于自身的信息空间，而忽视了周围的信息交流。而在信息传播过程中，很多信息往往通过媒介或者用户的过分"修饰"使信息的真实性发生了变化，这进一步加剧了用户的认知偏差和社会的焦虑。第二，网络虚拟性。由于移动社交媒体的快速发展，人和人的交流更多地体现在以人为节点所形成的复杂网络的信息传递，随着人与人交流的复杂程度的提升，网络的节点也更加复杂，以层次为基础的信息传播模式更加复杂，进一步加剧了交流的信息屏障，最终使社会的信任发生了变化。第三，个人信息泄露风险。由于移动社交媒体的使用，数据的泄露途径更多，有主观泄露的，如自我暴露相关的位置信息、个人身份信息等，也有被动泄露的，有可能通过大数据挖掘造成相关信息的泄露。这就要加强对移动社交媒体的隐私保护。然而，移动社交媒体企业在发展过程中，不可避免地需要对相关信息进行获取，这就需要区分哪些是敏感信息，哪些是非敏感信息。这就使企业陷入了"两难"境界，既需要有效利用数据，也需要防范数据的过度使用，如何准确把握数据利用程度，考虑数据的利用时机、数据广度、数据挖掘深度等都成为企业需要思考的重要话题。同时，如何防范个人隐私数据被泄露，造成个人信息的损害以及财产等的潜在泄露也成为企业必须思考的重要问题。

本书致力于将数据的有效利用和隐私的保护两个矛盾纳入同一个研究体系，深入探究数据的内生性和外生性探寻数据开放和隐私保护的悖论机制。本书主要通过理论模型和实证相结合的方式，力求全面反映这一矛盾，并通过量化手段分析并深入解决这一矛盾。两位作者各完成50%的全部研究工作，作者排序按笔画排序。本书具体研究共分为九章。其中，第一章为绪论，主要阐述移动社交媒体发展的历程和进展；第二章为移动社交媒体理论及其背景介绍，主要探讨了移动社交媒体的基本理论；第三章为数据开放和共享模型的构建，主要构建了两者的基础理论模型；第四章详细阐述了大数据下移动社交媒体的隐私风险问题，主要构建了隐私风险量化分析模型；第五章则具体阐述了移动社交媒体下的隐私保护和治理研究，主要构建了隐私保护模型；第六章为移动社交媒体传播模式和鲁棒性（Robustness）分析，主要从移动社交媒体自身的传播特点出发，分析其潜在的传播模式以及移动社交媒体网络在受到外部环境影响下的网络韧性；第七章深入探讨了大数据背景下的隐私悖论机制研究，主要通过直觉模糊理论和博弈论等手段分析大数据下的隐私悖论机制；第八章为大数据背景下的隐私保护的实证研究，主要通过问卷调研、结构方程模型等实证的手段，深入调查了相关的隐私群体隐私保护的具体方式；第九章为本书的创新点和结论，深入分析了本书的具体创新内容以及本书的不足之处，为进一步深化研究奠定了良好的理论基础。本书的成型和出版得益于绍兴文理学院艺术学院和商学院相关研究项目的大力支持，学院领导在专著写作和资料收集等方面给予了鼎力支持。另外，第八章撰写过程中本科生钱慧敏、翁璐萱、陈思语、冯潇雪、钱丁楠、张家荟等同学也参与了相关的调研问卷发放、R语言撰写、实证分析等相关工作，在此一并表示感谢。尽管两位作者在撰写过程中力求尽善尽美，尽可能地展现移动社交媒体的各个方面，但是限于作者水平，错误和不足之处仍然在所难免，恳请读者不吝指正。

吴 丹 赵 江
2022年10月

目录

第一章 绪论 1
第一节 移动社交媒体理论研究基础 5
第二节 移动社交媒体研究综述 9

第二章 移动社交媒体数据开放和隐私的理论基础 32
第一节 移动社交媒体的发展历程 34
第二节 移动社交媒体基本模式和典型代表 41
第三节 研究目标的总体框架 48

第三章 移动社交媒体数据开放与共享模型构建 52
第一节 数据开放的内容和基本模型 53
第二节 移动社交媒体数据共享框架及理论模型 63
第三节 移动社交媒体典型案例 73

第四章 大数据时代下的移动社交媒体隐私风险 80
第一节 移动社交网络服务的基本架构和隐私保护 81
第二节 移动社交媒体信息传播模式 90

第五章 移动社交媒体隐私保护和治理研究 98
第一节 移动社交媒体隐私风险防范和处理研究 99
第二节 互联网及数字平台的隐私治理 106

第六章　基于复杂网络视角的移动社交媒体信息的鲁棒性研究 …… 114

第一节　移动社交媒体传播的复杂网络 …… 115
第二节　移动社交媒体级联失效模型和鲁棒性测量方法 …… 122

第七章　大数据背景下移动社交媒体隐私悖论模型构建 …… 129

第一节　大数据背景下移动社交媒体隐私悖论模型 …… 130
第二节　基于直觉模糊的隐私等级分析 …… 132

第八章　移动社交媒体隐私保护的实证研究 …… 139

第一节　移动社交媒体隐私保护机制研究 …… 141
第二节　移动社交媒体数据开放和隐私保护的关联规则模型构建 …… 154

第九章　研究结论与不足 …… 165

第一节　研究创新点与结论 …… 165
第二节　移动社交媒体隐私保护的研究建议 …… 168

参考文献 …… 173

附录 …… 183

后记 …… 189

第一章 绪 论

社交媒体是基于移动通信和网络技术创建的高度交互性平台,倡导用户自主进行内容的生产、协作和分享(Kietzman et al.,2011)。2018年,全球性创意传播公司维奥思社和Hootsuite的全球数字联合报告显示,互联网用户为43.88亿人,同比2017年增加9.1%;社交媒体用户数达到34.84亿人,同比增加9%;目前,以Facebook与微信为代表的全球移动社交活跃用户达27.8亿人,约占总社交媒体用户数的92%。艾媒咨询发布的2019年度报告数据显示,2018年中国移动社交用户规模达到7.37亿人,预计2020年将达到8.2亿人。移动社交媒体凭借庞大的用户基数以及信息传播移动化、碎片化和高效性的特征,逐步成为用户分享信息的重要平台。用户在使用移动社交媒体搜集、发布和分享个人信息之际,意味着对数据内容的开放形式和展现方式做出决策(张学波等,2018);经过十余年的发展,中国已经成为全球最大的移动社交媒体市场,而以微信为代表的移动社交媒体网络所承载的社会交往和信息传播功能也在不断革新,持续重构着从人际互动、娱乐和工作方式到交易和服务模式等各个社会生活层面的底层逻辑:一方面,通过朋友圈更新、文件和地理位置共享等服务将相同兴趣爱好或经历的用户关联,企业通过深入挖掘有价值的信息并通过整合提供高效便捷的服务;另一方面,用户通过云计算服务将许多重要的隐私数据呈现在云端(Sun P. J.,2020)。开放数据可以获得更大的经济和社会价值,同时开放数据也是加强移动社交媒体用户交互的重要保障。

从数据的本源来看,社交媒体的数据形成了庞大的数据资源,既包括大量的结构化数据也包括大量的非结构化数据,具有典型的大数据特点,即"5V"特性,大容量(Volume)、大种类(Variety)、大速度(Velocity)、可变性(Variability)、真实性(Veracity)。通过合理运用大规模社交媒体数据,企业能够对这些数据进行专业化处理,尤其是通过技术手段搜集用户偏好行为、社交行为等数据能够有效地了解消费者的需求,增强用户的体验。当前,市场营销的核心从"以产品为中心"到"以客户为中心"。随着大数据分布式存储、分析和挖掘技术的发展,海量数据能够被有效收集和分析,从中挖掘出商业价值,成为现代营销"新常态"。因而在大数据时代,加强数据互联,通过分析用户数据,提升用户的高转化率成为精准营销的前提。从利用数据的过程来看,企业利用移动社交媒体进行精准营销过程具体可以分为:多维度采集和处理数据、建模分析数据、智慧数据解读三个层面。通过对客户属性特征、产品特征以及消费者行为数据等进行收集和整理,企业利用多维度建模分析手段对消费者的特征进行分析,充分了解消费者的潜在市场需求。最后,通过个性化推荐引擎向用户定向推送用户感兴趣的产品和服务信息。要对移动社交媒体用户进行精准识别,就需要大量获取用户信息包括消费者的历史浏览记录和消费者个人终端的 cookie、Browser History 等数据,以便对消费者网络行为进行智能追踪。

然而,数据开放共享使用户的基本信息、兴趣爱好等隐私暴露在社交网络。传统媒体时代,出于对隐私的尊重,数据收集者必须告知用户收集了哪些数据,做何用途。故用户对主体真实身份的隐匿可以有效避免传统媒体的隐私侵权。然而,在移动社交媒体中,共享信息的各方多为社交关系网的个人,人们通过信息获取、发布和交互行为来维持、加强或重构已有的社会关系(陈明红,2017)。即便用户进行身份的隐匿,由于开放共享的数据具有对比提取和精细信息关联性的黏合功能,若干"模糊性"信息的综合亦可能指向隐私主体(冯登国等,2014)。一方面,数据开放帮助移动社交媒体企业根据用户在线浏览习惯和社交网络购买行为识别用户偏好,并投放定向广告;另一方面,移动社交媒体中的信息和数据流则潜藏各种广告信息、冗余信息甚至虚假信息,加之隐私泄露等安全隐患,大大降低了用户持续信息共享的意愿(蒋玉石等,2015)。隐私的载体是个人或者团体,结合移动社交媒体数据的生命周期,可知隐私保护系统的主要参与者包括数据生成者、数据收集者、数据用户和数据攻击者。用户的隐私态度和实际隐私行为披露之间的相悖现象即为"隐私悖论"。张晓娟(2020)指出,移动社交媒体隐私悖论现象产生的三种路径包括利益和成本权衡、单一动机驱动、收益—需求驱动,并且发现感知收益和感知成本等原因变量和隐私披露这一结果变量之间存在非对称的因果关系。然而,在移动社交媒体环境下,对隐私数据风险的担心并未阻止用户在社交媒体上的自我信息披露。

根据《斯坦福哲学百科全书》对悖论这一条目的定义：悖论通常指的是一种命题，即按照普遍认可的逻辑推理方式，推导的结论超出"通常可以接受的见解"。或者说结论是有矛盾的。从逻辑学角度来看，悖论的基本内涵如下：甲事件可以正向推导出非甲事件。反过来，非甲事件也能逆向推导出甲事件。这就形成了一种内在的逻辑矛盾。可见，移动社交媒体数据开放和隐私保护悖论产生的根本原因在于社交媒体企业和目标消费者之间的"信息不对称"。从企业角度，企业通过精准识别技术能够更好地获得消费者的相关信息数据；而对于消费者而言，对企业获得数据的相关用途并不清楚，并且不确定企业是否利用自身数据给其带来利益，尤其担心某些相关的个人重要信息数据被滥用，甚至影响到个人相关账户等的信息安全。在大数据营销背景下，显然移动社交媒体企业对用户偏好、用户行为、用户意愿、用户风险等充分了解，基本上接近"完全信息"水平。而反之，消费者则处于明显的"信息劣势"一方。移动社交媒体数据开放得越多，企业对消费者的识别也越精准，企业对消费者的隐私信息侵犯也更加明显。

随着移动社交媒体用户数目的激增，通过网络技术手段包括用户认证、cookie 等获知消费者信息形成的大数据，并通过爬虫数据挖掘、大数据智能分析等手段了解移动社交媒体消费者行为偏好、位置属性等针对潜在消费者投放定向广告，确认精准的营销范围以及对产品销量进行精准预测成为企业定向营销的重大议题。特别是在大数据时代，用户在数据体量、数据复杂性和产生速度等方面均超出了现有技术手段的处理能力，企业可以根据用户购买产品的频次、偏好等实时数据智能地筛选并提供有效的产品信息，形成巨大的、精准映射并持续记录用户消费行为特征的数字世界（见图 1-1）。在这一过程中形成一定的数据风险。其中，开放的数据主要包括必要数据、扩展数据和内部数据。在这一开放模式下，通过大数据分析，可以对媒体信息、冗余信息和隐私信息进行获取，通过具体的数据保护模式，实现对用户隐私的保护。相比大众广告不区分或筛选顾客、强调广告受众的广泛性和广告频度，企业可以利用移动社交媒体平台向终端用户定向发送广告。移动社交媒体定向广告更注重对用户信息的挖掘和识别；以及广告内容、广告时机与广告对象需求的匹配（Bimpikis et al.，2016）。可见，移动社交媒体平台"定向"的实质是企业对广告受众的有效筛选过程，通过定向可以及时、全面和准确了解用户历史行为和当前行为状态，支持企业针对用户行为属性或其他属性进行市场细分，并针对不同用户进行移动社交媒体广告的精准投放和定向营销活动。最典型的如腾讯公司的微信小程序广告，即利用手机移动端的微信平台进行精准广告投放，将相关的微信小程序广告放在相应的广告位，广告主向移动社交媒体平台付费，移动社交媒体平台通过数据开放获得用户信息并向其进行产品推广与传播，当目标用户打开相关移动社交媒体时，微信小程序就会向移动社交媒体用户定向展示这一广告位，用户最终决定是否从企业购买相关的产品（见图1-2）。

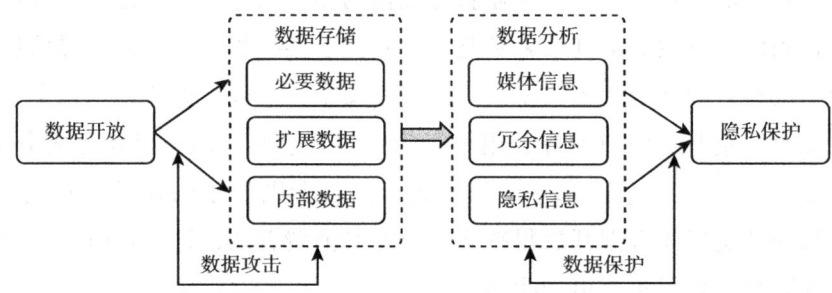

图1-1 移动社交媒体数据开放和数据风险产生过程流程

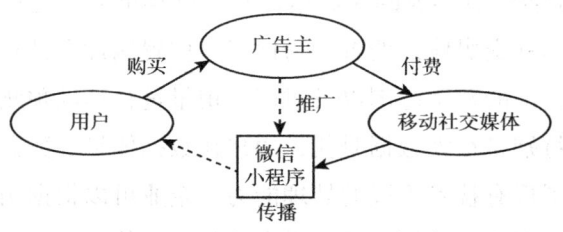

图1-2 移动社交媒体定向广告投放过程中的博弈关系

在实践过程中，媒体信息的智能推荐往往处于相对初级的阶段。因此，当有人在淘宝上搜集黑色塑料花，结果在其微博上能不停地看到与丧葬相关的广告。对很多企业而言，可以利用微博、微信相关数据直接间接地暴露用户隐私从而获得商业利益。例如，如果用户在Android手机上使用Facebook账号访问某个App，那么这个手机上所有行为都可能被Facebook关联到自身的真实身份上。可以看出，隐私态度也就是用户对相关的隐私问题表现出的不同态度或观点。其中，隐私关注是测量隐私态度的核心概念。它衡量了用户如何有效地对相关个人信息进行控制、收集、使用的风险关注程度。随着网络数据价值的不断增加，针对网络数据的安全威胁也不断增加。一方面，注重数据开放有利于企业有效利用与移动社交媒体平台相关的消费者数据，从而能够为消费者提供有效的信息服务；另一方面，过度的数据获取给用户社交行为带来潜在的风险。从国际上来看，英国在 2012 年 6 月发布了《开放数据》白皮书，通过数据的开放不断推进公共服务的质量。随后，2013 年 10 月，英国进一步发布了《把握数据带来的机遇：英国数据能力战略》白皮书，制定了提升数据分析技术、确保数据被安全存取和共享的措施。类似地，日本在 2013 年发布《创建最尖端 IT 战略》，明确了大数据保护的国家战略。随后，2014 年，印度也对移动数据保护作了相关规定。美国白宫 2015 年发布《抓住机遇，守护价值》白皮书，总结了大数据隐私保护政策，进一步对数据加强管理。中国于 2021 年 12 月首次提出《网络数据安全管理条例（征求意见稿）》。其指出，国家建立数据分类分级保护制度。按照数据对国家安全、公共利益或者个人、组织合法权益的影响和重要程度，将数据分为一般数据、重要数据、核心数据，不同级别的数据采取不同的保护措施。特别是针对互联网平台运营者，该管理条例提出"互联网平台运营者应当建立与数据相关的平台规则、隐私政策和算法策略披露制度"。这表明如何有效收集和利用隐私成为互联网平台必须考虑的重要问题。从传播学视角出发，移动社交媒体传播具有典型的链式传播特性，网络空间中有效地利用隐私数据对企业具有典型的经济属性。然而，这种经济属性背后则可能对社会产生潜在的负面影响。如何有效发挥数据的经济属性，减少社会负面影响成为企业需要考虑的重要问题。

第一节　移动社交媒体理论研究基础

一、研究背景和意义

从社交媒体发展角度，无论站在提供互联网服务为主体的角度还是用户角度看，隐私保护成为突出的社会问题源自 2003 年，这一年由于 Web2.0 技术的广泛运用，最终形成由用户生成内容的双向互动模式（陈堂发，2018）。2005 年，博客、MSN 的运用进一步推动信息交互以及第三方信息整合。2012

年，移动社交媒体微信、微博等的使用从主体、形式到内容全方位呈现"社会性"特征——使用主体的广泛性和自主性，传播过程及效果的互动性，表达内容的生活化和个体性。移动社交媒体的个人隐私与《信息安全技术公共及商用服务信息系统个人信息保护指南》中提出的个人敏感信息大体相同，即"一旦遭受到泄露或修改，会对标识的个人信息主体造成不良影响的个人信息"。从媒体数据管理角度，移动社交媒体主要包括平台型、社群型、工具型和泛在型。移动社交媒体逐渐显示出公共化趋势，社交媒体分享的内容存在被陌生人窥视的风险（王波伟，2016）。如果隐私策略设置不当，将可能造成用户的隐私信息泄露，特别是对敏感数据的滥用、泄露、过度分析会严重侵害用户利益。当人们感知到隐私威胁时，会产生保护隐私的动机，评估各种方案，Rogers（1983）提出了保护动机理论，认为人们面对风险或威胁时，通过权衡得失而产生一定的自我保护动机，并采取应对行为。移动社交媒体风险主要包括：基于位置的应用，用户主动暴露，服务商提供的社交媒体隐私导航功能、关联设置以及设置不合理；黑客攻击等均可引发隐私泄露（王树义，2013）。欧盟《通用数据保护条例》正式实施后，一些企业采取积极措施促进不同社交媒体平台数据的顺利转移以减少泄露风险（刘泽刚，2019）。从媒体运营实践角度，目前，移动社交媒体各运营商大多基于"3S"社交理念，即Show（展示）、Share（分享）、Seek（发现），通过个性化服务提供社交应用，但由于技术层面或经济利益层面等原因加剧了隐私的滥用，用户隐私安全受到挑战。国内外社交媒体用户数据泄露事件频发：2018年，数据分析公司Cambridge Analytica获得了Facebook公司5000万用户数据并违规滥用，Facebook公司对用户隐私造成大范围的严重侵权，引发公众对移动社交媒体个人隐私安全的担忧（Isaak，2018）。2020年11月，Spotify公司近35万个账号的数据遭到泄露，账号所有数据都在一个72GB的数据库中被公开，其中包含超过3.8亿条记录。同样，国内社交媒体用户隐私泄露的事件依然层出不穷，如2020年1月，武汉返乡人员的个人信息表在微信、微博被散布，导致超过7000名相关人员的隐私信息被泄露，相关人员受到许多网络和其他社会人士的攻击，社会不良影响很大。《中国网民权益保护调查报告（2017）》显示，79%的受访者认为个人隐私不安全，但用户愿意接受自我披露带来的隐私风险以换取潜在收益。社交媒体影响的满意度也由2014年的73.4分下降到2017

年的67分，呈逐年下降趋势。2020年9月，中国互联网信息中心发布的第46次《中国互联网络发展状况统计报告》显示，超过20%的网民个人信息遭到过泄露。2021年7月，48款侵害用户权益的App软件遭到工信部通报下架。因此，在企业层面，注重对消费者个人隐私保护能够增强企业竞争力；在行业层面，便于移动社交媒体的持续健康发展；在国家层面，则便于相关机关实施隐私数据管理并获得社会公众的信任（陈美，2020）。故本书认为移动社交媒体的数据开放性对个人隐私的私密性构成挑战，如何防范数据开放共享下的隐私暴露风险以及如何加强隐私保护和隐私治理成为优化社交媒体信息传播亟待解决的现实问题。

关于大数据和隐私，最核心的问题在于标识（identity），特别是个人标识信息，早期主要通过Cookie等手段追踪单个用户，由于Cookie的生命周期问题，对用户的长期追踪不容易。而在Web时代，随着新媒体时代的到来，更多的公司倾向于利用Flash进行有效的追踪。

现实场景之一：在商场用智能手机上网，获取免费Wi-Fi服务，由于法规要求提供手机号和智能手机的Mac，于是免费的Wi-Fi服务商直接提供相关的相关信息，顾客开始刷微博，由于微博的API通常不使用加密信道，于是Wi-Fi热点通过偷窥网络站点并获得微博账号。通过识别微博账号及其内容信息，Wi-Fi服务商获得了用户相关的性别、年龄等信息。Wi-Fi服务商利用强大的信息存储功能使这些用户相关信息得以长期保留。当Wi-Fi服务过的某用户打开某个购物App比价时，相关的电话信息、手机Mac、微博账号以及购物的详细数据已经在商场的常客数据库里。利用这些信息，商场中的餐厅可以针对最近到过商场的用户推送折扣信息，并根据情况选择微信或微博来进行数据传送。而现实中的各种P2P金融公司、讨债公司对数据更加饥渴，他们会愿意为用户的某些信息付出更高昂的价格。因此，数据寡头可能更加看重用户隐私的长期价值。此外，公众社交与互动形态不断更新，涉及有关社交媒体的隐私议题亦不断被学界探讨。2017年6月1日，《中华人民共和国网络安全法》正式实施，保障个人信息安全成为其中的重要内容。但现行方案和具体实践对于社交媒体隐私问题的指导性较为笼统，可执行性较低，究其原因还是现有研究对于解决移动社交媒体隐私风险问题挖掘不够，重构优化配置隐私保护的政府干预和市场机制相结合的整体性治理策略的指导不明确。在这点上，本书具有独到的研究价值和实践意义，具体表现如下：

（一）理论意义

（1）本书从保护动机理论、媒介伦理观等角度研究隐私暴露风险形成机制，为隐私管理理论研究提供新的视角，通过定量分析方法及手段得到不同社交平台下的用户隐私关注和隐私行为的关联关系，通过演化博弈分析证明移动社交媒体市场博弈趋向动态均衡并形成隐私悖论的必然性，是对"数据开放"和"隐私保护"边界理论的丰富和发展，也是对移动社交媒体用户隐私行为理论的补充完善。（2）本书构建了移动社交媒体隐私风险评估模型和隐私披露意愿模型，试图通过移动社交媒体数据开放机制、隐私风险评估、隐私保护均衡等维度对相关的隐私风险管理理论进行丰富和拓展，也是对社交媒体信息传播理论以及利用移动社交媒体进行精准营销理论的补充完善。

（二）应用前景

（1）关注移动社交媒体"数据开放"和"隐私保护"的矛盾问题，提出移动社交媒体数据的动态开放边界。提出加强数据管理并构筑受控制的数据利用框架，降低移动社交媒体数据的交互风险，尤其是有利于移动社交媒体有效利用客户数据进行定向广告推送和定向营销活动，真正体现移动社交媒体数据开放的商业价值和社会价值。（2）研究分析微博和微信两个移动社交媒体平台的隐私悖论存在性及表现差异，并通过模型系统阐述移动社交媒体平台广告信息推送面临的隐私风险问题，有利于社交媒体平台和相关的企业强化风险意识、加强隐私风险管理并构建隐私防泄露体系。为切实保护个人隐私和防范化解隐私风险提供有效的政策建议，这对规范社交网络行业发展、提升用户隐私保护意识和能力都有较强的现实意义。

二、移动社交媒体发展现状

从移动社交媒体的发展过程来看，移动社交媒体区别于传统的社会性媒体，其核心是利用互联网技术和工具，供大众进行自发撰写、分享、评论、讨论以及相互沟通的虚拟社区或者网络平台。其典型特点在于移动社交媒体自身的移动性和便捷性，即利用移动社交媒体，用户能够随时随地进行相关的数据共享和对已有的内容进行分配。从移动社交媒体平台现状来看，第一，熟人型移动社交媒体。其核心是通过构建以熟人为媒介的社交群体，通常包括微信、QQ等为典型代表性社交媒体。这类社交媒体的特征是通过熟人间的人与人信息传递，构建了一个以熟人圈为基本网络的信息共享社区。其信息的传播具有典型的专一性。第二，垂直型移动社交媒体。这类社交媒体主要包含具有不同行业差异性的社交媒体，如包括婚恋社交，以百合网、珍爱网等为代表；兴趣社交，以阿里巴巴旗下的点点虫为代表。用户通过兴趣、爱好构建属于自己的移动社交媒体。第三，陌生人移动社交媒体。这类社交媒体主要包括微博、陌陌等社交媒体。其信息的传播直接面向不特定的人群，通过不同人群之间的相互信息交流、沟通与联系，形成了人与人之间具有差异性的交互网络，最终构建了一个包含不同人群的庞大的复杂网路。iMedia Research（艾媒咨询）统计数据显示，2020年，中国社交媒体主要领域包括在线直播、短视频、移动社交媒体均预计突破9亿人。社交媒体的发展速度越来越快，包括各类围绕声音社交、视频社交等的新型社交软件的创新进一步增强，移动社交媒体市场持续稳定发展，用户的渗透率也进一步提升。包括抖音、小红书等新型社交媒体的出现进一步提升了用户使用移动社交媒体产品的体验感，用户对产品的感知以及借助移动社交媒体的各种商业活动类型也进一步增加。随着5G网络带来的高质量信息传播以及AI技术带来的智能社交模式如chat GPT-4，未来的社交产品场景将更加丰富和新颖，用户的社交行为也将进一步丰富多彩。

第二节 移动社交媒体研究综述

移动社交媒体用户的用户持续行为与数据开放共享的程度密切相关，并已成为社交媒体兴衰的重要因素。为了分析国内外社交网络用户行为热点，本书通过Citespace软件绘制近5年国内外社交网络用户行为的热点主题词知识图谱。国外学者主要围绕社交网络用户持续使用行为、隐私风险对用户行为的影响、社交网络用户疲劳行为展开研究（见图1-3）。其中被引热点主题词分别为Social Network，User Behavior，Social Media，Model，Network，Online Social

Network，Twitter，Facebook，Media。而且 Online Social Network，Facebook 的中心度高于其他关键词。这表明：国外学者针对社交网络用户行为的分析以 Facebook 用户以及在线社交网络用户为主，但针对用户行为研究较为分散。从被引频率和中心度可看出，国外研究社交网络用户行为的主要方法为模型法。

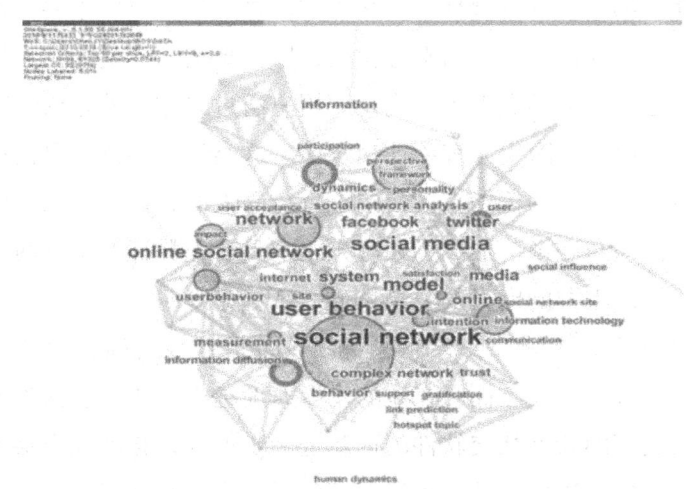

图 1-3　国外社交媒体用户行为研究热点知识图谱

国内学者主要是围绕社交网络用户信息交互和转发行为、使用行为以及用户行为特征展开（见图 1-4）。国内社交网络用户行为被引热点主题词分别为社交网络、微博、用户行为、用户影响力、交互行为、微信、社交媒体、影响因素、移动社交网络、用户。其中社交网络、微博、用户行为的被引频率和中心度明显高于其他关键词，这表明国内外学者对社交网络用户行为的研究主要围绕微博用户进行。此外，围绕数据开放和隐私保护边界困境、用户行为画像、用户隐私管理、社交网络特殊用户群体等也已经成为移动社交媒体研究的重要领域。国外隐私悖论研究主要涉及了三类：实证研究、成因解释和应对策略。电子商务、社交媒体、健康等领域均是热点研究情景。不同的情景下会有不同的隐私悖论行为动机。隐私担忧、隐私计算和意识解释了隐私态度和隐私行为矛盾的原因；信任、模型和技术则从多个方面阐述了如何解决隐私悖论问题。

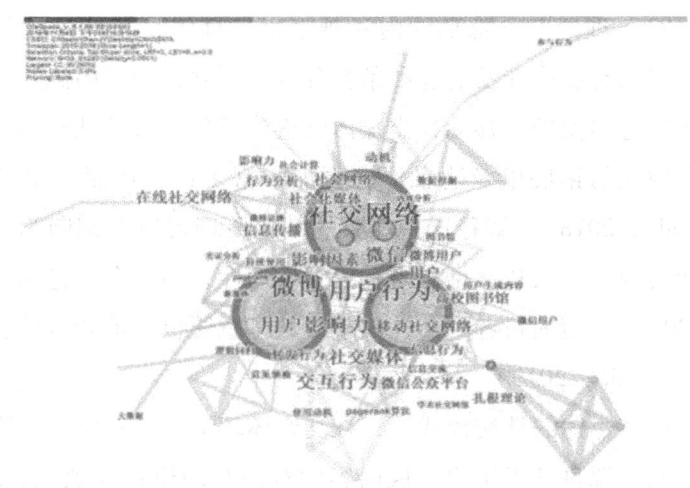

图1-4 国内社交媒体用户行为研究热点知识图谱

一、数据开放和隐私保护的研究现状

1. 数据开放和隐私保护的边界困境涉及隐私定义、属性、社交模式研究

移动社交媒体用户在多重社会关系中展示符合社交要求的自我表露行为,就需要对数据开放程度和隐私范畴进行管理和边界划分。

其一,从隐私本身的定义看,隐私指归属于自然人的、与社会公共生活或公共利益无关的个人事项(陈堂发,2019)。具体可以分为信息隐私、通信隐私、空间隐私和身体隐私(Banisar,1999)。隐私具有典型的特征:隐私的主体是人,隐私的客体是个人事务和个人信息,隐私的内容是主体不愿意泄露的事实或者行为(吴小同,2017)。Warren和Brandeis(1890)首次将隐私权界定为他人享有的一种独处权。而在移动社交媒体环境下,隐私权是指信息所有者对其个人信息(网络数据信息和网络空间等)的控制权(徐漪,2018)。在数据开放共享背景下,隐私和身份存在明显的悖谬关系:用户在不断提供身份隐私信息的同时却没有独立身份的被动地位(刘泽刚,2019)。

其二,从隐私内在属性看,隐私的内涵和外延是一对密切相关的范畴。其中,隐私内涵指"私""隐"兼备的涉私事项和行为、个人信息等具有的特定属性;隐私外延指具有这些特定属性或符合内涵定义的所有涉私信息或事项

（陈堂发，2018）。理论上，隐私的内涵越丰富、具体，其外延就越清晰、涵盖范围越小。但已有法律涉及的隐私条款分散、孤立，隐私内涵并不清晰。因此，隐私外延也边界模糊。移动社交媒体已逐步泛化并触及社会生活和私人生活，个人隐私内涵的拓展以及隐私形态更加丰富多样，从而产生了"隐私悖论"（Hew et al.，2018）。解释这一现象的基本原理可以分别归为几类：隐私权衡计算、社会理性、认知偏见和启发、邮件理性、不完全信息和信息不对称（Kokolakis，2017），而消费者的个性因素如共享意愿也是消费者信息泄露的重要原因（Chen et al.，2019）。

其三，从社交媒体的社交模式看，社交媒体环境下针对用户的隐私保护成为突出的社会问题源自基于用户生成内容的双向互动模式（殷乐，2016）。由于移动社交模式如微信群、朋友圈具有小众化特征，社交范围可控且社交圈呈半封闭状态，模糊了一般性和个人隐私界限，用户主动炫耀或被动泄露都可能造成一定程度危害。可见，用户的"边界渗透"程度并非受个人意志控制，而是被社交网络支配（Mosteller et al.，2017）。然而，用户明知社交媒体的隐私安全问题，却忽视隐私风险，当意识到可以通过技术手段对信息内容保护时，会增大隐私披露频率和程度（Liang et al.，2017）。无论是技术知识、隐私意识还是财务因素都不会影响用户通常的矛盾行为（Barth et al.，2020）。但不同的隐私政策内容和外观形态对用户阅读感知评价结果有显著差异（张艳丰等，2021）。可见，移动社交媒体所产生的隐私困境主要表现在两个方面。一方面，用户之间由于信息开放共享所形成的用户间隐私博弈；另一方面，用户与数据监管技术在数据监视背景下的管理博弈。

2. 移动社交媒体数据开放共享和制度设计研究

移动社交媒体为用户提供了数据开放和数据交换的渠道，能够为用户提供个性化服务以实现资源的优化配置。其一，在信息特征方面，社交媒体信息的深度融合可以改变信息共享空间（鲍雪莹，2015）。而不同类型信息的共享结果存在差异（Sohn，2014）。Borgesius（2015）认为"数据开放"是指向公众提供的数字信息，通过自由或市场化方式供用户在不同时间或地点自由使用、再分发。在实践中，拥有数据企业与需求数据的企业之间可以通过协议分享数据方式，如采取业务合作、开放式 API 协议等开放利用数据。其二，在制度设计方面，从数据开放的内容范畴来看，数据开放需要界定数据权利，确定哪些数据可以开放，哪些有条件开放，哪些不能开放，通过开放数据体系结构的隐私风险评分模型反映隐私风险和权益权衡（Eldin et al.，2017）；从数据开放的制度设计看，数据开放需要充分释放数据的社会价值和商业价值，实现媒体数据的社会化利用和分层管理（Endre Sima，2019）；从数据开放的安全设计来讲，开放的数据一定在保护好数据主体权益和数据安全的前提下，实现数据细致化和社会化的协同（Barn，2016）。在资源观的概念下，数据资源的供给应具有持续性和稳定性，数据开放必须保证流程可控和数据责任可追溯。然而，由于用户比较关注自我效能、自我展现及性别差异等因素（Stieglitz，2013），当前移动社交媒体发展和应用的主要问题在于开放数据处于不治理或无法治理的状态，无法做到对数据流程和风险的有效控制。故应构建数据安全防护体系，加强平台系统管理，通过数据治理和技术标准实现对数据开放权限和开放等级划分（吴有富，2017）；建设统一化数据技术保障，强化运营监管制度，让社交媒体成为数据分析资源的供应者、数据风险和合规管理的责任者（李唯嘉，2019）。而针对数据共享开放、数据应用与服务过程中数据的不同形态，提出基于"层次数据"与"算法问责"相结合的应对策略（窦悦，2021）。

3. 移动社交媒体中的风险感知和隐私保护研究

移动社交媒体用户数据开放共享实质是通过不同信息形式将在线生产的内容传递给其他用户的信息传播行为，身处社交情境的用户在进行信息披露时，也会进行隐私风险评估。《网络安全法》明确指出隐私政策的设定需要符合国家网络安全法律法规，而《个人信息安全规范》则提出企业在利用用户相关数据时，是否明确告知用户如何收集、使用、存储、传输、共享、转让与保护个人信息。

其一，从风险感知属性看，通过内容呈现和媒介数据交互，社交媒体用户得以维持和发展人际关系（牛静，2019）。然而，用户会担忧个人信息遭社交媒体的不当使用或披露而造成影响或损害的预期判断，即风险感知。Chen（2013）通过实证研究得出结论，用户感知风险越大，其个人隐私保护的态度越强烈。Zhou（2015）在研究移动社交媒体用户采纳行为过程中，发现隐私风险会显著影响用户感知有用性，从而直接影响用户决定是否继续采纳移动社交媒体。此外，社会资本、社会媒体评价和隐私控制在文化的调节下也将影响用户的网络表达（Wang et al.，2019）。受教育程度、对隐私风险的认知程度及移动社交媒体的使用经历，都将不同限度地影响个体对隐私风险的感知（Jozani et al.，2020）。有针对性地采取隐私保护行为，包括提供不完整信息或虚假资料予以信息掩饰和积极的隐私保护提升信息安全性（Zhang，2017）。而当前移动社交应用服务商的隐私政策普遍存在服务商单向制定、默认设置不合理等问题（Obar et al.，2020）。保护移动社交媒体隐私安全，媒介运营商和服务商应关注用户需求和体验，完善用户反馈机制（张学波，2018）。这就需要整合移动社交媒体的静态信息和动态信息从而评估信息安全风险（Wei et al.，2021）。通过设定移动社交媒体具体的数据规则减少安全风险（Reza et al.，2021）。

其二，从隐私保护方式看，企业采用不同的数据保护机制对用户隐私权益的保护程度本身有一定差异。丁红发等（2019）认为企业需要运用技术和管理双重手段完善隐私泄露风险评估方法和用户反馈机制，保障隐私安全。一方面，从数据监管角度构建隐私风险数据类型、数据开放类型、影响因素的平衡框架实现用户隐私权益的保护（Kassen，2019）；另一方面，从政府政策建构、数据管理和利益相关者参与等角度识别和解决数据开放各阶段隐私安全问题（Isaak，2018）。随着移动社交媒体非结构化数据的增多，需要运用分散式系统、区块链等技术手段加强数据安全防护（Feng，2019）。建立以数据安全管理为核心的数据保护制度，做好数据流通和数据开放前的评估、脱敏、监测等数据综合安全评估（Ghani et al.，2019）。加强社交媒体品牌和用户服务的动态联系和信任关系以减少个人隐私问题，同时增强用户信任（Ayaburi and Treku，2020）。或是引入隐私信息保险制度以提升消费者进入市场的意愿，激励用户披露更多的隐私信息以降低相应成本（成燕等，2020）。或是用LDP方法进行隐私保护（Piao et al.，2021）。

4. 社交网络隐私关注行为和隐私管理研究

用户在使用社交网络过程中面临的隐私泄露风险以及用户隐私关注对用户行为的影响，包括理性行为理论、计划行为理论以及技术接受模型等成为国内外社交网络用户行为研究的热点之一。

其一，从隐私自身的特征看，移动社交媒体下的通过对开放大数据的挖掘和商业运用，使原本无关的"自然型隐私"数据拼合成具有指向功能的"合成型隐私"，对用户隐私行为产生广泛影响。而隐私关注的是消费者隐私行为的重要前置变量，由 Smith（1996）提出并将其界定为"由于可能损失信息隐私而引起的内在关注"。隐私关注导致隐私保护反应，如拒绝信息泄露或社交网络中的隐私限制性（Pavlou，2011）。网络环境下的隐私关注侧重于测量用户对隐私信息的非法泄露和非法使用的感知和关注（孙保营、唐晶晶，2017）。Wisniewski 等（2015）分析了隐私关注和用户互动行为的关系，发现高度关注个人隐私的用户极少地与朋友进行互动。过高的隐私关注可能导致消费者担心隐私泄露而不再主动披露个人数据，甚至放弃社交服务（张会平，2017）。Ooi（2018）等基于"信念—意图—行为"理论链并结合隐私悖论模型研究移动社交媒体用户隐私关注和使用意图的关系，研究表明，隐私关注和社交媒体的使用行为之间存在负相关关系。朱侯、李佳纯（2020）以微信活跃用户作为研究对象，通过运用计划行为理论和技术接受模型，构建了隐私设置行为影响因素的理论模型。研究表明，隐私设置行为主要受到隐私设置意愿和感知控制的影响。隐私关注、感知有用性、感知易用性正向影响隐私设置意愿；感知易用性、信任、交互公平正向影响感知控制；隐私关注和感知易用性都正向影响感知有用性。而从社交平台管理层面来说，社交平台隐私信息泄露或者第三方应用的恶意窃取已经成为最主要的隐私泄露方式。

其二，从隐私涉及的具体内容看，使用社交媒体 Facebook 增强人际关系和扩大朋友圈的网络收益感知能够促使用户忽略隐私关注而披露个人信息（Nosko，2010）。可见，感知收益正向影响信息披露意向，即对用户隐私关注有负向影响（Wang et al.，2016）。随后，Jeong 和 Kim（2017）分析了 Facebook 和 Twitter 的两种社交网络的信息展示、隐私关注的差异性，Facebook 用户更加关注其他用户时间线上的展示，而 Twitter 用户最在意自己的博文内容。但官方对移动社交媒体信息的隐私关注增加。类似地，Choi 和 Sung（2018）比较了 Instagram 和 Snapchat 的社交媒体表达和隐私关注，并且发现 Snapchat 和 Instagram 社交媒体的真实和实际表达有所差异，但隐私关注决定了其活跃用户。降低信息披露的程度并尽可能远离那些会产生信息泄露的互动，在源头上进行数字化节制（Spiller，2020）。然而，当存在多重利益因素时，用户隐私关注所产生的负面影响会被利益因素所抵消（Min，2015）。用户的某些行为学特征，如冲动性（Impulsivity），则直接影响着社交媒体相关数据的信息泄露的程度并且调节隐私关注和信息泄露的关系（Zahra and Srinivasan，2020）。类似地，在企业定向广告投放中，消费者隐私态度对定向广告投放也有着重要的影响。当消费者对隐私有顾虑时会影响定向广告投放，反之则会促进定向广告投放，这就需要加强用户的分级管理（赵江，2021）。

其三，从企业对用户隐私的不同管理方式看，网络用户不断攀升的隐私关注度和愈发谨慎的隐私披露行为将对在线服务产生巨大影响，这就需要加强隐私管理。Petronio（2017）提出CPM（沟通隐私管理）理论用于解释隐私保护和面对面的披露行为，将隐私边界看成是从完全开放到完全封闭的一个连续体。Xie（2019）进一步用PKM（劝说性知识模型）理论和TAM（技术采纳模型）理论分析移动社交媒体下的用户隐私关注和隐私保护行为。从而理解用户权衡共享信息的预期收益以选择是否分享隐私数据（Gruzd，2018）或支付额外费用保护自身消费行为进行隐私管理（王雪芬，2015）。为了防止隐私泄露造成的巨大损失，可以考虑将网络保险作为一种风险控制手段（Wu et al.，2017）。另外，不同的隐私偏好设置和隐私反馈对用户行为意愿具有显著的负向交互作用，且隐私反馈对隐私偏好设置具有替代作用（刘百灵等，2018）。结合移动社交媒体环境的特点，设计特殊的算法如Petri网协商算法，兼顾用户的隐私偏好和服务商的隐私政策（刘百灵，2019）。移动社交媒体人际交往圈的模糊让个人信息共享的边际处于隐匿而失调状态，故对隐私保护体系及意识的强化有利于协调隐私边际困境（蒋晓丽，2019）。通过对"新浪微博"的用户数据进行挖掘分析后发现社交媒体使用经验、社交网络规模对隐私管理行为产生影响（申琦，2021）。然而，如何准确划定隐私边界，并根据具体边界，进一步加强用户隐私保护成为移动社交媒体隐私管理需要解决的核心问题。

5. 利用移动社交媒体数据开放投放定向广告产生的隐私问题

由于以移动社交媒体平台为基础的定向广告要求企业获取大量的用户信息，因而用户的隐私担忧成为企业运用移动社交媒体平台投放定向广告过程中无法回避的问题。定向广告与用户隐私保护方面相关的研究涉及用户的隐私态度、企业的隐私保护策略和隐私保护的社会效益等方面。关于用户的隐私态度和行为研究。Turow 等（2009）通过问卷调查发现，在美国有 66% 的成年人表示拒绝定向广告。Brandon 和 Cranor（2012）研究指出，用户对定向广告的态度取决于得与失两个方面：消费者通过定向广告可以得到个性化的信息，但是定向广告又泄露了个人隐私，而且市场上存在贩卖消费者隐私的行为，这又构成定向广告的风险。这些研究认为，相关法律法规的完善可以提高消费者对定向广告的接受程度。Palos – Sanchez（2019）分析了定向广告感知有用性对用户的隐私关注的影响，并且发现，感知有用性和隐私关注在一定的情况下可能呈负向相关关系，即消费者对产品的感知有用性越高，隐私关注度可能越低。某些特殊的人群如青年人群对产品的感知更加敏感，其隐私关注行为等也更加明显。针对这一人群，Youn 和 Shin（2019）则利用移动社交媒体 Facebook 投放的定向广告进行实证分析，发现认知评价包括风险评价、效用评价等都会对隐私关注、广告屏蔽与调整策略产生正向影响。

针对利用移动社交媒体平台投放定向广告产生的隐私问题：其一，从用户角度出发，可以用户的隐私担忧归结为三个方面：一是个人的网上行为是否遭到监视；二是企业是否妥善保管消费者私人信息，免于出现泄露、盗用、贩卖等风险；三是企业是否合理利用这些信息，制定有利于消费者的价格、广告等策略（Kox，2014）。其二，这种担忧可能引发用户态度的变化，其中，Smit 等（2014）通过案例研究发现用户对定向广告的态度取决于其对定向技术的了解程度，用户了解定向广告的具体商业应用方式之后，对定向广告的接受程度会显著增加。Anand 和 Shachar（2009）也认为，定向广告对用户的效用不仅取决于企业是否掌握用户行为信息，还取决于用户是否了解企业定向广告能力。最近，Labrecque（2021）则认为利用定向广告进行信息传递和消费者防范隐私风险则形成了所谓的"被动学习"和"主动学习"，最终将形成一种动态均衡。

第一，用户防范定向广告的"侵入"研究。对定向广告持抵制态度的网络用户通常运用两种方式防范定向广告：一种是通过手动删除 Cookie、安装专业软件定期清理上网痕迹、使用安全性更高的浏览器等方式规避互联网企业的追踪；另一种是直接屏蔽广告。首先，从保护方式来看，前一种规避追踪的自我保护方式在定向定价领域有不少研究，例如，Acquisti 和 Varian（2005）通过分析垄断企业多阶段的定向定价策略，发现消费者为了在未来获得更有利的售价，有动机在当前阶段通过规避追踪的方式隐藏自己的身份信息，从而使企业无法利用定向定价策略获得更多的利益。Conitzer 等（2012）通过博弈分析发现，如果隐藏个人信息没有使消费者付出任何代价，那么垄断企业和消费者博弈的结果是所有消费者都隐藏信息，企业的利益达到最大值；如果消费者需要付出一定的成本来隐藏个人信息，那么消费者有可能不保护隐私，企业的利益反而难以达到最优。其次，从消费者自我保护手段来看，关于消费者屏蔽广告的研究在广告经济学领域也有涉及。例如，Anderson 和 Gans（2011）通过博弈分析研究了消费者广告屏蔽行为与投放广告的厂商数量之间的相互作用，认为一部分消费者采用广告屏蔽技术将导致未使用广告屏蔽技术的消费者观看电视节目时承受更多的广告。Stuhmeier 和 Wenzel（2011）指出，消费者的广告屏蔽行为将会减少厂商投放的广告价值，而且认为广告屏蔽程度提升会减少免费电视的收益。Bergh（2012）分析了多个广告商通过多个电视台向观众投放广告的情形，博弈结果显示，观众虽然屏蔽掉不相干广告，只接收感兴趣的广告，但由于观众屏蔽使广告商免于付出无关的广告费用，广告商反而因此提高了利益。并且由于广告商付出更少的广告费用，电视台为了保持盈利就要提高电视节目的收费，最终的结果反而是观众遭受损失。最后，同时考虑消费者和企业效用，Johnson（2013）分析了消费者广告屏蔽与企业提高定向能力之间的博弈关系，发现企业提高定向广告能力导致消费者很少屏蔽广告，但企业并不一定因此而获益，因此定向广告竞争有可能导致次优的均衡结果。类似地，Robertson（2020）则进一步分析了大数据下定向广告可能导致隐私滥用行为，而消费者可能会采取多种方式避免数据过分使用，而必要的法律措施则会保护消费者数据滥用行为。

第二，关于企业的隐私保护策略研究。首先，从广告匹配性角度来看，Van Doorn 和 Hoekstra（2013）通过实验研究发现，加强广告与用户当前需求的匹配性可以显著降低用户的隐私担忧，这与 Johnson（2013）的结论相吻合。Tucker（2012，2014）建议企业在搜集用户信息的过程中让用户直接参与，如让用户自主决定哪些信息可以被搜集、哪些信息可以运用于商业用途等，这样用户的隐私担忧将大幅下降。Goldfarb 和 Tucker（2011a，2011b，2011c）也通过实证研究发现，强制性向用户投放定向广告的效果不佳，企业在运用定向广告的同时应给予用户相应的选择权。其次，从用户态度来看，用户对定向广告的态度取决于"得"与"失"两个方面，企业也可以从"得"出发采取有效措施，提升用户的定向广告接受度。例如，McDonald 和 Cranor（2010）通过问卷调查研究发现，企业在广告中附带折扣券等优惠措施，可以抵消其对定向广告的隐私顾虑。Schumann 等（2014）通过实证研究比较了两种提高顾客所得的方法：一种是免费给予更精准的有用广告信息，另一种是免费提供原本有偿的服务，研究发现两种方法适用于不同的情形。最后，从大数据应用角度来看，黄丽华等（2017）则从大数据治理角度分析如何解决隐私泄露风险等大数据时代面临的重要问题。随后，黄丽华等（2020）在营销—服务二元理论的基础上，提出了在线社群内容二元性的"平衡"与"结合"维度概念，并研究平衡"与"结合"维度如何影响销售业绩与消费者的满意度。徐云杰（2018）也分析了用户隐私关注对移动社交类 App 软件下载的影响，关注度越高，下载的概率反而小。类似地，Lina（2021）进一步分析了移动社交媒体个性化广告效用下的隐私关注问题，并且将消费者隐私关注作为一个调节变量分析印度尼西亚的移动社交媒体 Instagram 用户对广告感知价值和隐私关注的影响，并且发现个性化广告对广告价值有正向影响，而隐私关注并不直接调节广告的价值。

　　第三，关于隐私保护的社会效益研究。这方面的研究大多是以"个性化与隐私"为背景展开，很少有专门针对定向广告与隐私的研究。首先，从个性化产品角度，Tang 等（2008）假设两个竞争企业可以为消费者提供两种产品，即标准化产品和个性化产品，其中标准化产品不需要消费者的个人信息，个性化产品需要消费者提供隐私信息。研究表明，政府实施的隐私保护政策虽然能够增强消费者对企业的信任，但有时却对社会福利不利，如减少了企业的边际利润，企业会对消费者索取更高的价格等。Lee 等（2011）以价格歧视以及个性化产品提供为背景，将消费者细分为始终不愿提供个人信息的消费者、只有当企业采取隐私保护政策时才提供个人信息的消费者、始终提供个人信息的消费者等三类，通过博弈分析发现，当越来越多的企业采取隐私保护措施时，社会福利有可能减小。其次，考虑竞争市场效应，Bouckaert 和 Degryse（2013）通过博弈分析研究了企业通过获取消费者个人信息实现价格歧视的情况，研究指出，当厂商的数目较小时，社会福利随着隐私保护程度的增加而增加；当企业可以自由进入市场时，社会福利有可能随着隐私保护程度的增加反而减小。Evans（2009）对互联网广告的发展与演进进行了梳理，并指出：虽然定向广告是未来不可阻挡的趋势，但用户隐私保护是最为关键、亟待解决的问题。Wang 等（2018）认为移动社交媒体在利用数据进行广告推送时就应当提升推送的精准性并保护某些高价值信息。类似地，Blundo（2021）在近期一篇文章中发现，广告主可以与社交媒体企业达成匹配协议避免敏感性用户数据和商业数据泄露，从而保证隐私数据安全。

从观点导向理论来看，隐私悖论的根源可能与用户的认知能力有关，用户知识水平低时可能限制了有效的经济理性。特别是由于用户能容易感知到当下可能获得的利益，但是对于隐私泄露带来的长远性风险则不那么敏感。而当用户感知到披露隐私能够获得收益时，更倾向于认为此行为是风险更低而利益更高的行为。Barnes（2006）首次提出了隐私悖论问题，表明隐私悖论是成年人对社交网站隐私泄露的顾虑和青少年轻易泄露个人信息现象的相悖性。而究其原因在于不同类型的人群对待隐私的处理方式不同。杨晓琛（2021）将微信作为移动社交媒体平台，孙超群（2021）以微博平台作为研究对象，通过实证研究均发现移动社交媒体确实存在隐私悖论现象，同时隐私披露行为受到隐私披露意愿的影响，而隐私关注对其几乎不产生作用。类似地，从自我直觉理论视角，孙锐和罗映宇（2021）则通过混合实验设计分析消费者隐私关注对推荐信息来源的接受行为以及内在神经机制，结果发现，不可接受透明度的信息更容易引发消费者的自我知觉意识，促进消费者的隐私态度和实际行为趋于一致。区别于上述研究，朱侯和方清燕（2021）则采用 IRT 模型和灰色关联分析法对用户信息进行量化，为隐私悖论提供了客观的痕迹数据支撑，这也为移动社交媒体平台隐私行为建模奠定了基础。

二、相关研究的研究述评

在大数据背景下利用移动社交媒体平台进行定向广告的精准信息推送或者个性化推荐取得了大量创新性研究。无论潘煜等（2018）提出的神经信息系统发展现状中更加关注信息的精准维度，还是李健等（2018）从营销价值维度阐明价值属性对用户信息精准性的作用，抑或是姚凯（2018）从大数据源头维度，Wang 等（2018）从数据内容维度，Baglion（2018）以及 Deng（2018）从社交媒体数据关联性都充分说明了移动社交媒体数据开放对于企业营销具有十分重要的价值。而这些研究的核心都是围绕消费者相关数据的开放使用为前提。而与之相关的以移动社交媒体平台为基础的个性化营销引发的消费者隐私保护问题，特别是大数据时代如何平衡两者的内在机制研究也取得了一定的进展。前不久，Ameen（2022）等发现当智能工具个性化服务到一定程度时，可能隐私关注并不起到强烈的调节作用。

本书认为：移动社交媒体数据开放和隐私保护呈动态平衡（见图 1 – 5）。其中，数据开放主要涉及数据开放程度、数据开放广度、数据开放时机三个重要维度。而隐私保护主要涉及隐私等级、隐私风险和隐私关注三个重要维度。解决数据开放和隐私悖论机制的关键是确定最优的数据开放程度、最优的数据开放广度以及最佳的开放时机。数据开放程度过高或者开放的范围过广或数据开放时机不合适都会影响到消费者对隐私等级程度、隐私风险程度以及隐私关注度的提升，会极大地影响企业的利润，同时也会影响到移动社交媒体平台的收益。而连接数据开放和隐私保护机制的关键是确定用户感知价值。其中，用户在对相关企业进行交互过程和结果的主观感知，包括用户对企业或平台利用其相关数据获得的相关利益，即"感知利得"；或者用户对企业或者平台利用其数据可能造成其利益损害，即"感知利失"。用户对相关价值的差异性进行有效的比较和权衡，从而决定对媒体平台的有效选择。

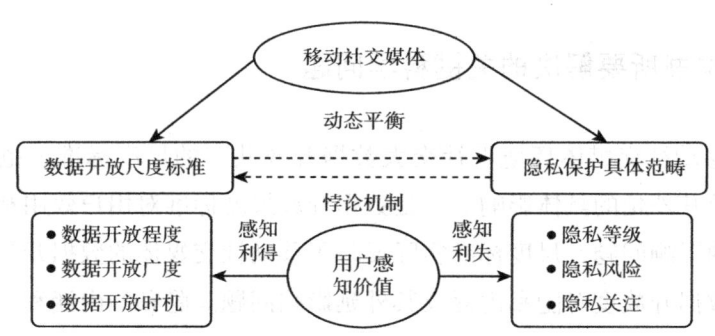

图 1 – 5 移动社交媒体数据开放和隐私保护的动态平衡关系

从研究内容来看，（1）数据开放的尺度标准和隐私保护具体范畴所形成的"隐私悖论"不仅是用户个人隐私安全得不到保障的体现，更将影响移动社交网络信息交换的秩序和效率。针对移动社交媒体数据开放和隐私保护的隐私悖论成因，不同研究的解释共性特征，即用户在有限理性及不完全信息条件下做出的隐私决策，这一决策受"感知利得""感知利失"等综合因素的影响而处于动态变化之中。然而，现有研究对数据开放的具体范畴以及如何利用某些移动社交媒体数据进行精准营销，如产品广告的精准性投放优化缺乏系统性研究。

（2）移动社交媒体拥有较高的技术优势和管理权限，可以随意获取用户隐私数据。因此存在较大的技术性风险，而用户对隐私的披露行为进一步加重这一风险。现有研究较多借鉴国外量表对社交媒体隐私保护进行研究，多侧重于通过案例分析和实证分析研究目标用户对隐私的态度及其可能的变化，缺乏从风险角度评估隐私保护的具体程度。实际上，隐私保护对移动社交媒体平台对象的优化分类、定向能力和广告效果都会产生影响，这就需要综合考虑用户的隐私保护和个性化服务。深入分析数据开放程度、隐私保护程度以及消费者购买意愿等多个维度关系。

（3）移动社交媒体平台数据开放的过程伴随着个人隐私权范围缩小的过程。随着大量信息的输入和输出，企业无法对自身和其他用户信息进行全方位维护和有效监管。现有研究尚未解决"数据开放"和"隐私保护"的具体边界划分问题，特别是如何解决"数据开放"和"隐私保护"的矛盾缺乏现实路径。这就需要在数据开放程度和保护消费者隐私问题之间找到最佳平衡点，量化分析隐私悖论机制问题，从而寻求两者的动态均衡以及优化策略。

三、本书所要解决的关键科学问题

（1）移动社交媒体环境下社交大数据开放共享的尺度标准、范畴以及对隐私内涵及其外延的具体影响。一是数据开放尺度标准对用户效用和社交媒体企业利润的影响问题，尺度标准实际反映了移动社交媒体的数据开放的具体内容；二是数据开放度对隐私内涵及其外延影响问题。隐私的内涵和外延实际反映了企业利用用户隐私对用户效用的影响问题。

（2）数据开放共享下移动社交媒体的隐私风险的识别和评估标准以及风险感知和信息披露行为的具体关系是什么？一是研究移动社交媒体数据开放情境下隐私风险量化模型，并进一步评估不同属性用户群体面临隐私风险的差异；二是研究不同风险感知的用户对信息披露行为的具体影响，分析不同程度风险感知情况下用户信息披露行为的差异。首先，选取某一行业中某类企业利用移动社交媒体向消费者投放产品广告的实际案例，随机选取一定数量的消费者，例如1000人，通过设定调查问卷的方法，设定有关隐私的相关问题，如隐私泄露风险问题、消费者对定向广告侵扰反感等问题。其次，根据数据调研结果，创建媒体数据开放对消费者行为影响的SEM结构方程，并通过KMO和Bartlett球形检验进行因子分析，最终阐明移动社交媒体平台定向广告给消费者带来的隐私风险问题。

（3）移动社交媒体开放情境下用户隐私保护的具体方法及数据管理优化策略。一是研究用户隐私保护下的移动社交媒体的数据开放和媒体运营策略；二是研究用户隐私关注度、企业隐私政策等因素对移动社交媒体数据管理策略的影响，探究优化配置方案。在实证研究的基础上，构建企业和消费者的博弈模型，综合考虑消费者的隐私可泄露范围等因素，将隐私保护度作为重要的内生变量，企业利用移动社交媒体投放广告的价格、广告强度等作为决策变量，构建移动社交媒体平台广告对消费者利润影响的数学模型。

本书的核心问题在于解决"数据开放共享"和"隐私保护"悖论机制问题。其中，移动社交媒体数据开放共享的尺度标准与隐私风险程度密切相关，同时影响着用户的信息披露行为和隐私保护行为。本书整合建模分析、现场实验和实证研究相结合的范式，从企业视角对移动社交媒体数据开放问题和隐私保护策略进行诠释，重点研究隐私风险管理、数据资源的优化配置，最终提出移动社交媒体数据资源管理和隐私管理的应用策略。

四、本书研究内容所使用的具体方法

本书主要整合案例研究、荟萃分析和结构方程模型等实证分析手段以及贝叶斯博弈、直觉模糊建模、演化博弈和混合均衡理论等开展建模研究相结合的手段，更全面地对数据开放情境下移动社交媒体隐私风险和保护机制进行分析。具体的研究方法如下：

1. 问卷调查法和关联规则挖掘法

采用案例分析法对包括国外Facebook、Twitter和国内新浪微博、腾讯微信等多家知名的社交平台隐私保护典型案例进行对比分析，研究移动社交媒体的隐私边界困境问题。研究对象将面向同时具备微博和微信两款设计平台使用经验的社交网络用户，采用问卷调查法重点收集与隐私风险有关的用户对其隐私关注及隐私行为数据，同时收集可能影响隐私悖论的用户人口统计特征、社交网络使用习惯、感知有用性、信任及信息敏感度等数据。通过关联规则挖掘法，量化并描述样本的多维属性以及属性间的关联关系。利用 Apriori 算法对调查数据进行挖掘，并对产生的社交网络隐私悖论关联规则作出分析。

初步研究认为，基于消费者当前移动社交媒体数据为基础的信息推送是以广告关联度为决策变量，以企业精准获取数据的定向成本、推送移动社交媒体广告对消费者的干扰损失等为约束条件，以企业利用数据开放获取利润最大化为目标，构建企业数据开放关联度优化模型。

2. 荟萃分析和结构方程模型

通过荟萃分析对移动社交媒体数据开放情境下隐私风险问题和隐私保护机制的实证文献进行全面收集、梳理、分类、整合和定量测度、统计分析，总结移动社交媒体数据开放下隐私保护度、隐私补偿等变量间的关系结构。设计用户数据开放共享与隐私行为关系的调查问卷。构建社交媒体数据开放、隐私关注与用户隐私保护行为关系的结构方程模型，阐明移动社交媒体数据开放给用户带来的隐私风险问题，分析工具为 AMOS 21.0。AMOS（Analysis of Moment Structure）是矩结构分析软件，矩结构与协方差矩阵内涵类似，应用与结构方程模型（SEM）的分析，此种分析历程结合了传统的一般线性模型与共同因素分析的技术。AMOS 是一种容易使用的可视化模块软件，可以快速实现绘制 SEM 路径图、浏览估计模型图与进行模型图修改，评估模型的适配度与参考修正指标，输出最佳模型等。因此，本书借助 SPSS AMOS 21.0 平台，进行移动社交媒体隐私风险和用户行为实证检验的实验，以验证变量之间相互影响的逻辑关系及其理论根源。

初步研究认为，消费者隐私保护态度取决于隐私信息的敏感度和级别、消费者对隐私的关注程度、企业的声誉、企业的隐私保护政策等。消费者最终是否采取隐私保护及采取多大程度的隐私保护，不仅取决于其自身的隐私态度，还取决于其通过提供隐私信息能换取的利益，如果适当透露隐私信息能获得比较大利益，显然就会改变其对隐私的态度。因此，影响消费者隐私保护行为的重要因素还包括用户对移动社交媒体数据的具体需求、企业为提供隐私的用户给予的优惠措施等。

3. 贝叶斯博弈（Bayesian Game）和混合策略均衡理论

以二维 Hotelling 模型为基础，研究位置在 x 对数据开放偏好 θ 的用户利用社交媒体获得的效用 $U_i(x,\theta)$。构建移动社交媒体企业数据开放和隐私保护的贝叶斯博弈模型。

$$U_i(x,\theta) = \begin{cases} U_0 + \theta T_1 - p_1 - (x-a)^2 t \\ U_0 + \theta T_2 - p_2 - (1-b-x)^2 t \end{cases} \quad i=1,2 \qquad (1-1)$$

移动社交媒体企业通过估计用户隐私保护的概率，并因此预测用户选择的策略，通过计算给定自己选择的策略情况下获得平均支付，来决定自己的策略选择——企业选择最大化的这个平均支付来决定自己的策略选择。给定 n 个参与人和相应的策略空间 S，对于勒贝格测度的支付函数集，设定二次可微概率分布函数 $P(x)$ 和扰动 $\varepsilon \to 0$，考虑对用户隐私保护程度下的行动函数和对应的企业的混合策略函数。并分别求得企业和用户的贝叶斯均衡。设有 n 个博弈方，博弈方 i 的类型为 $\theta_i \in \Theta_i$，$p_i(\theta_{-i}|\theta_i)$ 为博弈方 i 关于其他博弈方类型的先验信念，即先验概率。博弈方 i 的纯策略为 $s_i \in S_i$，a^h_{-i} 为信息集 h 上博弈方 i 观测到的其他博弈方的行动组合，为由 s_{-i} 限定的对应行动组合，$\tilde{p}_i(\theta_{-i}|a^h_{-i})$ 为观测到 a^h_{-i} 时形成的对其他博弈方类型的后验概率，$u_i(s_i,s_{-i},\theta_i)$ 为博弈方 i 为类型 θ_i 时得到的支付。完美贝叶斯均衡是一种策略组合 $s^*(\theta) = (s_1^*(\theta_1),\cdots,s_n^*(\theta_n))$ 与一种后验概率组合 $\tilde{p} = (\tilde{p}_1,\cdots,\tilde{p}_n)$，满足对于所有的博弈方 i，在每个信息集 h，$\tilde{p}_i(\theta_{-i}|a^h_{-i})$ 由先验概率 $p_i(\theta_{-i}|\theta_i)$、所观测的 a^h_{-i} 和最优策略 $s_{-i}^*(\cdot)$ 通过贝叶斯法则形成。

$$s^*(s_i,\theta_i) \in \max_{s_i} \sum_{\theta_{-i}} \tilde{p}_i(\theta_{-i}|a^h_{-i}) u_i(s_i,s_{-i},,\theta_i) \qquad (1-2)$$

4. 演化博弈论和多目标优化

演化博弈论的研究假定在于有限理性和不完全信息，其模型构建的关键在于选择和突变。选择指未来更多的参与者会采用能够获得较高支付的策略；突变指部分参与者以随机的方式选择不同于群体的策略。其中，被个体选中且采纳突变策略 y 的概率为 ε，被选中采纳原策略 x 的概率是 $1-\varepsilon$，这一混合群体可以表示为：$\omega = \varepsilon y + (1-\varepsilon)x$。构建移动社交媒体数据开放和用户隐私保护的有限理性博弈及其分析框架，寻找移动社交媒体的进化稳定策略（ESS），探究企业数据开放和共享过程中用户的复制动态和进化稳定策略，并构建 dx/dt 的复制动态微分方程 $d\theta_1/dt = \theta_1(E_T^1 - \bar{E}_1)$，$d\theta_2/dt = \theta_2(E_T^2 - \bar{E}_2)$ 和不动点，通过用户的进化稳定动态相位图，寻求移动社交媒体数据开放和用户隐私保护的动态均衡点。

在构建隐私保护和数据开放均衡模型时，其目标函数应该综合考虑移动社交媒体数据开放收益、开放成本、隐私风险、隐私损失等因素，决策变量是隐私保护度和数据开放度，约束条件是最低的隐私保护要求、数据开放的最低要求等。以该模型为基础构建不同数据开放阶段时下（动态）的用户效用优化问题。

5. 直觉模糊建模分析法

分析高、中、低隐私风险及相关影响因子如隐私关注度、感知公平等，然后采用主成分分析法提取影响因子，通过直觉模糊综合分析模型。构造因素集 X 与评价集 Y 之间的直觉模糊关系矩阵 $R(X \rightarrow Y)$：$R = [(u_R(x_i, y_i), v_R(x_i, y_i))]_{m \times n}$。其中，元素 $(u_R(x_i, y_i), v_R(x_i, y_i))$ 反映因素 x_i 与评判结果 y_i 之间关系，隶属度 $u_R(x_i, y_i)$ 表示因素 x_i 与评判结果 y_i 之间的相关程度，而非隶属度 $v_R(x_i, y_i)$ 表示因素 x_i 与评判结果 y_i 之间的不相关程度。确定权重系数并将各个风险因子进行模糊聚类，定量分析不同风险因子对移动社交媒体用户隐私的具体影响，从而构建移动社交媒体的隐私保护框架和数据管理机制。

初步研究认为，通过移动社交媒体大数据分析，企业可获得消费者属性变量和行为变量。属性变量可用符合某分布的偏好函数表示，但出于隐私保护考虑，消费者行为偏好需要在特定情境下才能转变为强烈需求，利用直觉模糊建模法，准确获得相关的媒体隐私影响对企业移动媒体广告推送决策。

五、本书的具体实验手段和关键技术

1. 质性研究的具体实验手段

（1）行为观察。选取典型移动社交媒体如微信和微博数据开放实际案例，随机选取一定数量的移动社交媒体用户，定期了解用户对隐私风险问题的关注情况，长期追踪和记录被观测用户对移动社交媒体利用用户数据对用户进行

"侵入性"的"微"表现和隐私保护的"宏"影响。(2)个案研究。选取代表性移动社交媒体——微信的数据开放运用实际情况,对企业利用开放数据进行市场营销时的有效性、隐私保护策略等进行细致描绘和深入诠释。针对移动社交媒体的用户,分析不同隐私策略和数据开放策略对消费者效用影响。

2. 建模研究的具体实验手段

仿真模拟。分别构建移动社交媒体数据开放度和隐私保护度优化模型,结合企业实际情况,将数据开放度和隐私保护度分别作为二元决策变量,设定为 $\alpha_i, \beta_i \in [0,1]$,分别赋予模型特定的参数,采用 Matlab R2012a 软件和 Maple15 软件模拟数据开放度和隐私保护度变化对移动社交媒体期望效益、社会福利、用户效用影响的函数关系;模拟贝叶斯博弈过程中,用户的期望效用 $E(v)$ 与移动社交媒体的数据开放度 α_i 及隐私保护度 β_i 的函数关系(见图1-6)。

初步研究表明,过高的数据开放度(x轴)和过高的隐私保护度(y轴)都会影响用户效用(z轴),仅当数据开放度和隐私保护度达到一定程度时能获得最优的效用(图1-6曲面顶部阴影区域)。运用 Matlab 同时做出数据开放度(x轴)和隐私保护度(y轴)下的企业利润的等高线图(Contour map),则可以清晰地看到沿白色波浪处形成一条鲜明的痕迹带(见图1-7)。这表明,移动社交媒体数据开放度和隐私保护度达到均衡状态下企业的利润最优。

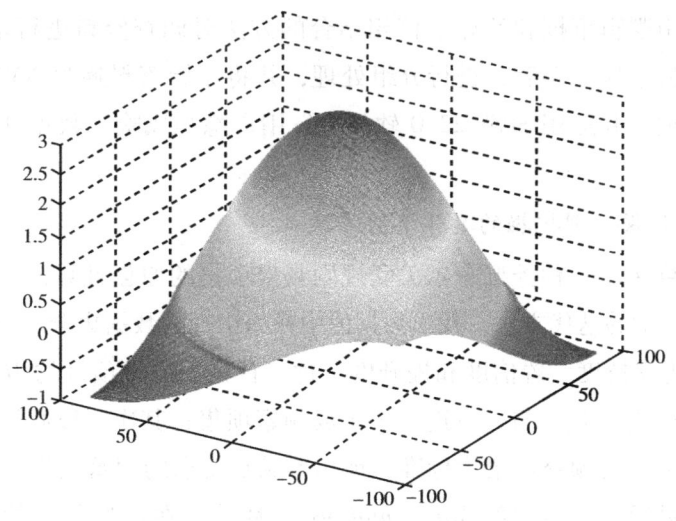

图1-6 数据开放和隐私保护对用户效用的函数关系

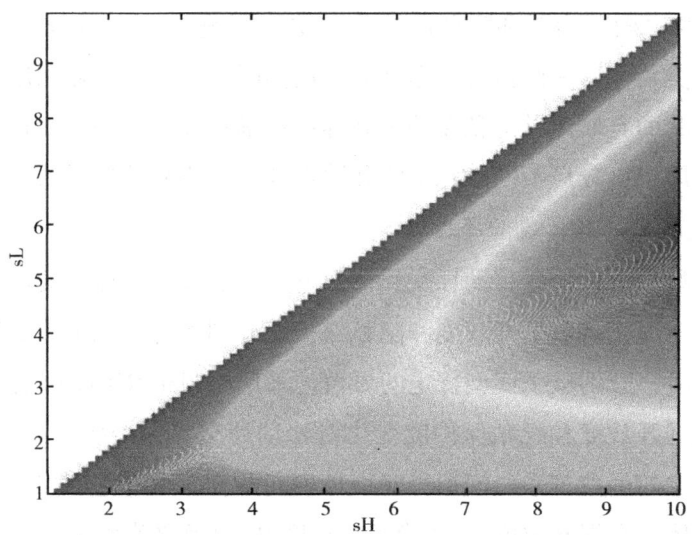

图 1-7　数据开放和隐私保护悖论机制下的等高线

3. 实证研究的具体实验手段

（1）采取分层抽样技术随机选择一定数量的移动社交媒体用户。按照分层抽样原则，按照年龄、收入类型、社会特征等因素选择移动社交媒体用户并分析其对隐私的不同态度，并将移动社交媒体用户进行分类，至少分为隐私极端主义、隐私实用主义和不关心隐私三类用户。（2）将市场调研资料进行编码汇总。利用逻辑审核和计算审核相结合的方法对调查资料进行审核并汇总，确认调查资料审核无误后，进行分组处理，并将原始资料通过 NVIVO 10 软件进行编码处理，并运用 SPSS 22.0 软件进行用户隐私风险和数据开放之间的相关性分析。

4. 隐私关联规则挖掘的具体实验手段

Apriori 算法。一种挖掘布尔关联规则频繁项集的原创性算法，其核心是使用一种逐层搜索的迭代方法，找出数据值中频繁出现的数据集合。频繁项集的评估标准则分为支持度、置信度和提升度三种。首先，通过预订的 *Min. support* 为阈值，通过将项集 L_{k-1} 与自身连接来生成频繁项集；其次，以频繁项集的所有非空子集也必须是频繁项集为标准，剪出不满足要求的频繁项集，进而生成 C_k（候选集）；最后，以预定的 *Min. confidence* 为阈值，在候选集中找出强关联规则。本书同时将信息敏感度作为前项参与数据挖掘，以更加详细地反映用户对不同隐私内容的关注水平，参数设置上以 *Min. support* =20%，*Min. confidence* =80% 为标准，利用 R 语言得出关于隐私关注和隐私披露行为的关联关系。具体程序：

##关联规则挖掘

setwd("E:/R 工作路径")#确定工作路径

getwd()

data <- read.csv(file="E:/R 工作路径/微信.csv")#读取数据

View(data)

#将离散型变量转化为因子型变量

gender <- as.factor(data$gender)

age <- as.factor(data$age)

edu <- as.factor(data$edu)

privacy.concern <- as.factor(data$privacy.concern)

sens.gender <- as.factor(data$sens.gender)

sens.age <- as.factor(data$sens.age)

disclosure.gender <- as.factor(data$disclosure.gender)

disclosure.age <- as.factor(data$disclosure.age)

#转换为数据框

data.weixin <- data.frame(gender, age, edu, privacy.concern)

data-weixingender <- data.frame(privacy.concern, sens.gender, disclosure.gender)

#加载关联规则挖掘包

library(arules)

#设置规则参数及后项

rules-weixin <- aprior(data-weixin, parameter=list(minlen=2, supp=0.2, conf=0.8)),

appearance=list(rhs=c("privacy.concern=-1", "privacy.concern=0", "privacy.concern=1", default="lhs"))

rule-weixingender <- apriori(data-weixingender, parameter=list(minlen=2, supp=0.2, conf=0.8),

apperance=list(rhs=c("disclosure.gender=1", "disclosure.gender=0"),

```
default = "lhs")
    #将得到的规则按提升度排序
    quality(rules - weixingender) < - round(quality(rules - weixingender),digits =3)
    rules - weixingender. sorted < - sort(rules - weixingender,by = c("lift","supp"))
    #查看规则
    inspect(rules - weixin)
    inspect(rules - weixingender. sorted)
```

六、本书涉及的关键技术

1. 建模研究的关键技术

（1）单目标函数最优化（SOP）。

针对本书移动社交媒体数据开放维度与隐私关系，在建模过程中选择决策变量的独立维数，当仅考虑移动社交媒体数据开放程度作为决策变量，而这一变量定义为一维变量，而当同时考虑移动社交媒体数据开放度和隐私保护度时的企业决策变量为二维变量，目标函数为企业利润函数，并设定为凸函数，利用 Lagrange 乘数法和 KKT 条件求解含有多个约束条件的优化问题。

（2）多目标函数最优化（MOP）。

针对移动社交媒体下数据开放范畴和用户隐私范畴的具体边界，构建移动社交媒体数据开放和隐私保护的均衡模型，探究均衡条件下企业收益和用户效用关系。决策变量不仅包括定价问题，还有多种数据开放类型组合的参数配置，目标函数包括企业利润函数、移动社交媒体广告响应函数等，设定智能优化算法如进化算法（Evolutionary Algorithm，EA）、粒子群算法（Particle Swarm Optimization，PSO）来解决多目标函数最优问题，以寻求 Pareto 最优解。

（3）贝叶斯博弈和混合策略均衡。

针对移动社交媒体广告对消费者利润影响的数学模型。构建理论模型时需要注意：本书的一个关键是以二维 Hotelling 模型为基础，企业进行广告和价格的贝叶斯博弈。设定价格 p_i 的累计分布函数 CDF 为 $F_i(p)$，分析双寡头两阶段博弈过程中，CDF 随数据开放度 α_i 或隐私保护度 β_i 的变化，从而确定数据

开放度 α_i 或隐私保护度 β_i 对企业利用移动社交媒体平台进行混合定价策略、企业利润等的影响。

2. 实证研究的关键技术

（1）多元线性回归模型。

针对移动社交媒体隐私悖论策略问题进行建模时可知，消费者隐私保护和消费者的工资水平、受教育程度、对移动社交媒体数据的敏感程度、移动社交媒体偏好等因素相关，故可以将实证研究中的相关影响因素作为因变量并转化为标准分，构建一般模型：$y_i = \beta_0 + \beta_1 x_{i1} + \beta_2 x_{i2} + \cdots + \beta_k x_{ik} + \varepsilon_i$。而回归系数（$\beta_j$）反映对应自变量的重要程度。再进行多元线性回归，而回归系数能反映对应自变量的重要程度。

（2）因子协方差分析。

在分析隐私保护和移动社交媒体平台广告投放关系时，考虑隐私关注度、感知公平、伪造个人信息、拒绝提供个人信息等采用李克特 7 级量表或语义差异量表，在进行因子分析时，对量表问题进行 KMO 测量和 Bartlett 球形检验，然后采用主成分法提取因子，经过数次旋转迭代，得出因子载荷矩阵和因子协方差矩阵。

（3）现场实验法和多源异构数据分析方法。

构建不同用户实际数据开放的现场实验情况，包括低数据开放、中数据开放、高数据开放，分析不同数据开放情景下用户隐私风险感知的差异性以及对企业的利润可能产生的影响。分别将用户分为不同的实验组和对照组，并对组中的个案进行因变量的前测，对实验组的实验刺激以及对所有组中的用户成员进行前测，通过调节不同的外环境等进行后测，最终分析隐私悖论机制。将所获得的数据进行要素编码分类，并对每个元数据的关键字段信息和数据结构进行抽提，准确获取不同用户的隐私关注等信息。

第二章　移动社交媒体数据开放和隐私的理论基础

移动社交媒体市场快速发展，而以微信为代表的移动社交媒体网络也进一步普及。围绕移动社交媒体相关的社交活动和信息传播活动已经成为联系人际关系、构建工作方式和交易的重要媒介。以移动社交媒体为中介的社交活动已经深刻改变着中国的生活。传统的企业与用户的信息交流是通过短信或报纸类，而现在企业在信息端向用户传递信息更多地通过信息咨询和服务 App 进行垂直信息传递。一方面，移动社交媒体极大地改变了人与人之间交往的方式和节奏，通过移动社交网络，人们的交往方式更加多样，可以通过语音、图片、视频、文字等多种方式。信息的交换节奏也进一步加强，人们可以随时随地进行信息的交换和沟通，大幅度提升了信息传递的效率；另一方面，移动社交媒体改变了社会的社群关系、家庭模式和工作方式。社会被分隔成不同类型的若干子群体，每个群体都按照特性形成富有特色的群体。以群体为单位的网络文化也进一步通过移动社交媒体进行文化和信息的传播，从而扩大了这一群体类型。区别于传统媒体主要是以公共服务方式向各类群体提供信息交流，移动社交媒体则进一步补充了大众媒介在构建和维系社会个体关系功能上的缺陷。更加注重不同类型的人们的交流和互动需求，并且扩展了这一需求的应用场景，突出这种互动场景的生活化和个性化特征。

此外，移动社交媒体的领域也发生了较大的变化，从早期的单纯个性化交往，人与人之间的单纯互动逐步扩展为网络购物和外卖等新型移动社交电商活动。为此，各大电商平台和新兴的直播平台都通过移动社交媒体扩大了商业活动板块，催生出社会化电子商务类型。而移动社交媒体的扩展也推进了社会治理的进行，社会化政务传播也成为中国社会治理中的重要一环。以移动社交媒体为基础加强网络治理、社会管理也成为当代中国政治文明建设的进程。各级政府也将微信公众号、微博平台作为社交网络传播的重要平台。移动社交媒体发展带动的不同层面的人际交往、文化模式、经济发展、政治沟通等也为社会发展和国家经济建设带来了积极的影响。

不同的移动社交媒体平台具有不同的社交关系强度。根据移动社交媒体自身的特性，可以将移动社交媒体分为核心社交媒体和衍生社交媒体。其中，核心社交媒体的主要特征在于用户通过该媒体平台加强信息分享、互动、实时交流等，典型代表包括 QQ、贴吧、新浪微博、微信等；衍生社交媒体平台主要特征在于用户创造内容信息，从而有效获取流量，帮助平台获得更为有效的个性化信息帮助决策，典型代表包括知乎、小红书、抖音、Bilibili 网站等。微信和微博是当下用户数量最大、影响最广的两类社交软件。其中，微信的特点是基于熟人关系构建的双向互动社交媒体平台，其核心特点具有双向交流，而微博主要依靠内容推荐来进行分发和传播平台内容。区别于微信传播的相对私密性，微博传播则具有公开性。而从移动社交媒体平台的应用属性来看，移动社交媒体平台主要分为五类典型的平台，这些平台往往具有不同的关联属性，具体如图 2-1 所示。

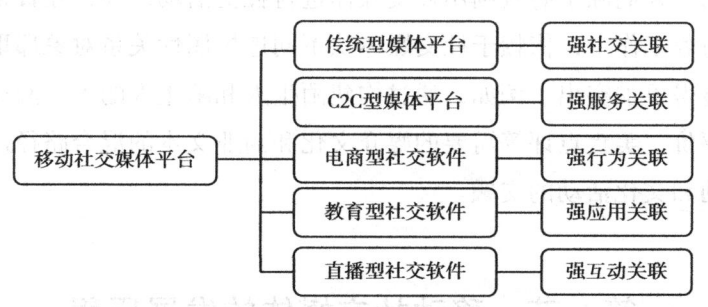

图 2-1 移动社交媒体分类

不同的移动社交媒体平台所涵盖的软件类型往往不同：（1）传统型社交平台。腾讯公司旗下的微信、QQ 属于较强的社交关系，特别是微信平台已经形成了庞大的关系生态网络，围绕微信社交平台衍射到微信支付、微信小程序、微信公众号等，并围绕微信衍生出多种软件应用；抖音短视频、微博等则建立了相对较弱的社会关系强度。（2）C2C 型社交。以个人为单位，通过用户的线上交流从而建立有效的社交关系，软件服务商向用户提供相应服务，从而构建了较强的服务关联。（3）电商型社交软件。通过类似二手市场买卖交易的平台，用户可以通过具体的电子商务行为产生社交属性，构建了较强的行为关联。（4）教育型社交软件。通过网络在线授课、实时沟通学习的教育平台类软件，构建用户和用户之间较强的应用关联。（5）直播型社交软件。主要包括抖音直播、快手直播等。通过强社交属性的引入，抖音这类直播型社交软件的传播特性也在进一步增强，通过构建较强的互动关联，用户间的粘性更强。然而，无论是依赖于熟人关系的社交或者内容推荐的社交都涉及移动社交媒体数据的有效利用。

移动社交媒体的特性在于：一方面，用户能够随时随地地利用移动网络建立用户连接，这一连接具有弱连接性和强链接性，并且具有典型的媒体属性，用户利用该媒介能够更有效地获取相关的外部信息；另一方面，社交的属性更加明显，即能够构建以用户为中心，分享和传播信息的 UGC（用户生成内容）。即社交媒体的内容主要体现在用户生成内容上，通过用户的分享和传播来展现社交的属性内容，创造个性化的信息，驱动更多用户参与传递，最终促进了社会化的分享。特别是社会群体社交过程中对用户的个性化和差异化的诉求非常鲜明，人们除了有效利用社交媒体进行社交活动以外，在日常生活、教育学习、商务工作中，依赖于社交媒体从不同连接属性关系对象那里获得相关的信息也显得更加突出。例如，通过构建陌生人和陌生人的关系网快速形成对网络购物评价、美食点评等需要的媒介文化和商业文本的混合路径进一步加强了社交活动和文化活动的交融。

第一节 移动社交媒体的发展历程

移动社交媒体的发展伴随着移动社交媒体用户数量的激增。2010年底，中国手机互联网用户总数为2.88亿人，而《中华人民共和国2021年国民经济和社会发展统计公报》显示，2021年我国互联网上网人数10.32亿人，其中手机上网人数10.29亿人，互联网普及率为73.0%。这表明中国已经成为全球最大的移动社交媒体市场，而以微信为典型代表的移动社交媒体也成为网络互联互动的主体平台。微信的特征在于通过嵌入式的、具有较高联结强度的社会关联圈。而通过微信朋友圈则"能够强化相对较弱的社会关系"。同时，在文化传播、社会感知等方面发挥积极的作用。基于微信朋友圈还可以加强广告和信息的传播等。通过移动社交媒体平台，用户能够限制性地扩大人际交往的空间，并利用平台加快信息的传播。此外，由于移动社交媒体平台独特的信息输出特性，公众能够在这一平台上发表自由言论、意见、想法和感悟等，同时可以对已有的相关内容进行评论和推送等。显然，移动社交媒体平台的本质是构建了人际传播的桥梁，突破了人际交流中传统的空间界限，减少了距离感，提升了人际交流的效率。例如，通过移动社交媒体，处在不同位置的人可以实时进行面对面的视频和语音交流，极大地丰富了人际圈，扩展了人际关系。社交媒体本质是一种 Web 2.0 的产物。Web 2.0 注重的是用户提供信息，并通过用户的内容生成和商家进行产品内容对话。Web 1.0 时代注重的是商家单方面地发出信息，用户给予的反馈过程。其包括弹出式广告（pop-up）、付费搜索（如百度搜索排名）、赞助等。Web 1.0 是一种用户信息单向流动的沟通方式，即商家通过媒介向目标用户提供新产品或服务信息，用户接收到信息后决定是否购买产品。而 Web 2.0 时代的典型特点是利用移动社交媒体进行信息沟通，此时，社交媒体是一种双向流动的沟通方式。一方面，企业利用社交媒体平台向终端目标消费者群体提供产品信息；另一方面，终端消费者也非单一的信息接收者，相反，用户能够根据自身的需求，有效地对产品进行需求的判断，并在此基础上及时地对信息进行反馈。从社交媒体的使用动机来看，用户对社交媒体的使用主要由三个动机驱动：其一，获得与品牌相关的信息，即用户通过社交媒体能够获得包括与品牌密切相关的知识搜集，还有搜集各种各样的评价，以及能够激发新的灵感的内容等；其二，娱乐，就是通过社交媒体获得愉快的感受、放松和消磨时间；其三，获得报偿，即人们在利用社交媒体的同时，获得其他相关的喜悦，如金钱、工作福利、社会福利或者某些社交吸引力等。

移动社交媒体使利用社交媒体进入了 Web 3.0 时代，不仅需要满足消费者功能方面的需求，还需要满足客户的心理需求。通过社交媒体形成消费者和企业的一个直接对话的平台。移动社交媒体的特性在于交互性、时间结构、社交线索、存储、可复制性、可及性和移动性。不同的属性对用户的信息传递有不同的影响。其中，交互性是指社会交互性、技术交互性和文本交互性等，其最重要的就是社会交互性，即媒体能够在何种程度上帮助个人或者群体之间进行互动；时间结构就是指向异步或者同步的传播，即媒体能够通过同步传播相关的信息；社交线索，即移动社交媒体可以通过传播情境、沟通对象身份以及表达形式等帮助人们形成或保持人际网络联结的信息；存储和可复制性，说明移动社交媒体能够有效存储相关的信息；可及性，意味着社交媒体能够在何种程度上触达多大范围的受众；移动性，指向人们能够在何种程度上不受位置的局限使用社交媒体。通过这六个特性，企业能够有效地进行信息的传播和交流（见图2-2）。

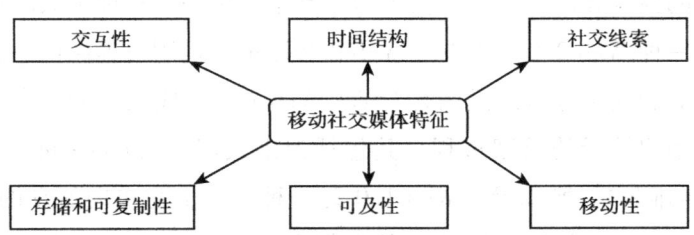

图2-2 移动社交媒体六大属性特征

一、移动社交媒体兴起的过程

（一）第一阶段，匿名部落：群体身份的兴起和部落身份

最早兴起的社交媒体软件是BBS或者网络论坛。在论坛相关的版块中，话题和相应的用户兴趣成为用户表达的主要动力，群体身份成为超越个人身份和社会身份的用户呈现的主要身份类型。在这一阶段，BBS进行社交模式的基础是进行以文字为媒介、围绕相关内容进行社交，从而形成了紧密围绕社群主题的单维度身份建构。由此，利用BBS的技术特性，人们可以更有技巧性地管理和呈现自我身份，特别是在现实生活高度分离的群落中，人格化的虚拟个体身份也由此诞生。

随后以ICQ为代表的即时通讯工具和聊天室逐步在中国兴起，传统的匿名群落逐步发展成可以迁移的匿名群落。此时的即时通讯工具能够有效地以用户个人为中心，不断扩大其自身影响力，从而不断扩大个人社会网络的拓展和发展。在匿名群落时代，无论公共媒介的BBS还是私人聊天室的QQ，用户之间的联系都是通过以内容驱动的弱关系,最终联结成社交媒体。BBS 中以兴趣为主导的群体身份表达突出,共同的兴趣和关注凝聚成一个个小共同体,相似性以一种邻近性的形成起到凝聚和活跃小共同体的作用。而在迁移的群落中,个人中心身份建构逐步出现,相关的联系已经由内容驱动的弱关系联结逐步发展成为关系驱动的中度联结,最终使社交匿名性得到进一步释放。

(二) 第二阶段,互动部落:群体交互和社交媒体社会化

特别是在这一阶段的社交媒体发展过程中,用户呈现了典型的个性化和"社会化",即通过移动社交媒体获取信息和经验知识,并通过社会上的人员交往,形成信息的流动。这就是所谓的 Web 2.0 时代,移动社交媒体、新的信息交流模式、受众有效参与等相互作用。此外,随着 Web 3.0 的技术进步,移动社交媒体更加注重个性化定制,用户可以自主地选择自己感兴趣的信息去接受。这就利用高新技术构建了移动社交媒体的个性化定制,从而造就了一个个私人场景。信息的交流模式主要由用户的参与来完成。这使得私人的信息和公共的信息交流更频繁,私人场景和社会化的场景融合更加明显。移动社交媒体相比传统社交媒体能够打破时空界限,从而形成了全方位交流的社交场景。其核心是通过算法推荐,保证了不同的人有不同的内容生成。如今日头条——它可以了解用户的地理位置、用户的喜欢内容,然后对用户进行画像,最后根据用户画像定向推送相关的内容。

(三) 第三阶段,虚实结合:群体的融合界限被打破

在移动社交媒体发展过程中,虚拟场景和真实场景相结合。在移动社交媒体中,人们往往使用了虚构的名称,有些用户有一些真实的信息。最终通过用户之间信息的交流和沟通中,建构了一个个社交的场景。而这种场景变得更加泛化,特别是前台和后台的用户信息界限模糊。在移动社交媒体下,由于其匿名性和虚拟性特点,用户可以在场景中畅所欲言地表达出自我。这时,用户所展示的不是自己的"前台",反而是更真实的自我。但是这种"真实"的自我并不完全是"后台"的。群体行为受到数据的影响,终端也可以通过用户行为或其他方式如 IP 地址识别等手段直接获取用户的行为,故群体的融合界限也是相对的。由于界限被打破,个体价值观和群体价值观也进一步融合,这就

有可能产生一定的矛盾。

二、数据开放的理论基础

在大数据时代，数据已经成为重要的战略资源，也是企业发展的重要资产。数据资产成为企业无形资产的重要延伸，成为知识经济形态存在的重要经济资源。数据资源的拥有者能够获得相应的权利、优势，并能够为企业发展提供必要的信息保障。数据资产的类型有很多，常见的数据资产包括书面技术和新材料、数据和文档、技术软件、通讯协议、企业形象声誉和服务等。数据的有效运用意味着现代企业需要根据企业发展目标合理使用企业的数据规模、对相关数据进行分析，从而提升企业的核心竞争力。数据资产已经成为企业价值创造的重要工具和资本基础。数据权利的概念最早发源于英国，主要是将其视为信息社会的一项基本公民权利，让政府所拥有的数据集能够被公众申请和使用，并且按照标准公布数据。因此，早期的数据权利强调的是公民利用信息的权利。数据权限在某种程度上反映了公民使用信息的某种权利，是相对于公民数据采集义务而形成的数据利用权利。只有在数据主权法定框架下，公民才可以自由行使数据权利。可见，公民的数据权利，是一项新兴的基本人权，也是信息时代的产物，是公民个人的基本权利。而从广义来看，数据权限反映了不同使用者在信息传播、交流、交易过程中的权利范畴。公民的数据权利只有在数据主权法定的框架下，才能由公民自由行使。而公民数据权利的保护，不仅具有较高的合理性，也成为保护公民合法权利的基础。从数据权利的使用范围来看，公民数据权利的保护，不仅具有正当合理性，而且也成为一种人权保护障碍的世界性趋势。

（一）信息公开和数据开放

数据开放意味着数据能够被免费使用、再利用、再分发。数据开放和数据公开意思接近，但又不完全相同。数据公开指的是向用户公开一切可以公开的数据，如最新的人口普查数据、工商注册数据等。然而这些数据并非完全开放数据，主要是这些数据往往提供在非开放格式下或是该数据不采用开放授权协议。因此，数据开放是一种特殊的数据公开，既要公开也要向其他用户提供数据服务。数据开放主要包括三种类型：第一种，数据服务。通常将数据逻辑封装成统一标准实现数据开放，将数据逻辑沉淀到数据平台。第二种，数据共享交换。数据共享交换能够解决数据服务无法共享大量明细数据的场景。特别是数据共享交换平台需要支持对数据的权限管控、加密、签名等功能，防越权、防泄漏、防篡改。第三种，联邦学习。联邦学习是一个机器学习框架，能够有效帮助多个机构在满足用户隐私保护、数据安全和政府法规的要求下，通过数据使用和机器学习建模，解决"数据孤岛"、数据合规性和两者的冲突，进而达到"数据可用不可见"的目标。

（二）数据开放过程中的隐私泄露危机

数据开放过程中的隐私泄露危机主要包括三个层面（见图 2-3）：第一，社交媒体平台等数据控制者对原始数据的共享开放和使用；第二，企业机构等数据处理者对用户数据的爬取、采集和分析，通过获得相关的数据并在此基础上进行分析从而获得企业机构需要的相关数据；第三，个人数据作为数据产品层面被智能 App 或设备采集使用个人隐私数据，包括计算机、手机、平板电脑、智能电脑、网络通信设备、自动化控制设备等，会接触或泄露其中存储的个人隐私数据。

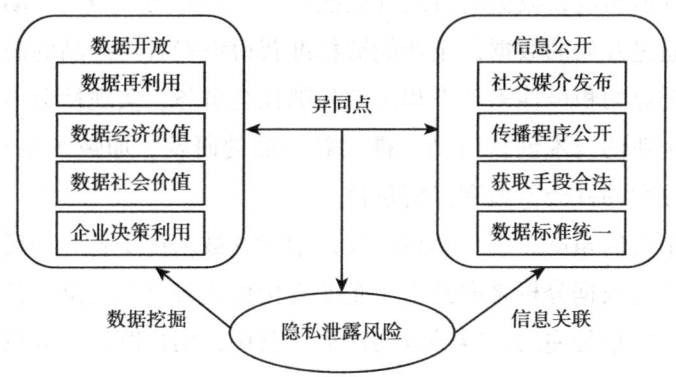

图 2-3　数据开放和信息公开的异同点

数据交易的本质是将数据作为一种特定的资产进行交易。而作为资产要素，数据的关键是具有交换的价值。其具有以下几个典型特点：第一，可获取性。相关数据能够被有效获得，并能够修改存储成必要的格式类型以供分析使用。第二，可重用性。相关的数据能够被修改，或者能够与其他数据进行融合，修改、融合后的相关数据仍然能够进行重新发布和再利用。第三，开放性。不同的组织或个人都有权合理、合法、合规地使用相关的数据，通过特定的授权协议使用该数据。而数据的开放意味着公开性，能够让用户公平而有效地获得。一般来说，开放型数据主要包括：地理位置数据，能够直接获得相关的 IP 位置等信息；环境数据，能够获得相关的经济环境、社会环境等信息；其他公开数据，能够获得文化数据、统计数据等其他类型数据。显然，数据的开放具有透明特性，通过这一渠道，用户能够自由且免费地获得必要的相关数据或信息，企业也能够准确获得消费者的相关需求，政府也能准确获得用户的相关资讯。这有利于企业或政府打造透明、务实的形象，通过提供准确的社群服务等满足消费用户或其他用户的具体需求。同时，通过有效的数据开放，让相关用户能够获得一定的表达权和监督权。然而，数据主体有权要求数据控制者永久删除有关数据主体的个人数据。这是公民个人信息保护过程中的一个重点，公民对某些个人信息的存在是不情愿的，这些信息往往会对公民生活造成困扰。随着数据时代的发展，公民的普通个人信息能够被永久保留，而一旦个人信息的永久保留被不当使用时，个人的数据信息可能会被大数据技术进行挖掘，从而精准刻画并确定个人身份。

从社会发展角度，数据的有效开放能够为社会发展和经济活动提供必要的信息资源。通过开放的数据，企业能够精准获得消费者对产品的需求状况，从而充分调动企业的积极性来从事相关的外部社会事务，实现社会治理机制的创新，如激活企业的技术创新活动、推动新产品的研发、加强产品和技术服务，从而释放出更大的社会价值和经济价值。

从用户个人的角度，用户不再仅仅是信息的被动接受者，相反，用户也能通过不同类型的数据分析来向社会、企业直接作出自己的贡献。特别是移动社交媒体时代，信息传递的内容是双向传播。其中，用户既是内容的获得者也是内容的生成者。当企业向相关用户推送产品广告时，用户可以直接进行点赞、转发和评论，也可以选择不感兴趣、不喜欢而忽视它的存在。这一特性使企业能够利用已有的用户行为数据，定向制作不同类型的广告内容，从而深度影响用户。

从数据的治理角度来看，数据开放需要构建法制化路径，即需要在当前的规范制度体系基础上明确政务数据开放的法律概念，明确数据开放的主体、对象及内容形式。而从数据治理来看，应当加强顶层设计（见图2-4）。第一，培育和树立依法开放数据的政策和法律依据。建立数据开放的协调机制，也就是要协调社交媒体和用户之间的信息沟通机制，这就需要社交媒体行业或者政府进行顶层设计，加强用户的企业的有效监管。第二，完善移动社交媒体数据开放和其他相关工作的衔接机制。构建统一、集成的政府数据开放平台，提供规范统一的数据服务，确保数据开放平台可以按照数据开放的基本原则和标准进行，开放完整的、原始的、结构化、高价值的数据集，方便开放的数据能够被有效获取和利用，从而创造出更大的市场价值。第三，要建立常态化的数据开放标准规范和质量安全管理机制，通过有效的数据管理保证数据的规范性。特别是要建立常态化的工作机制，确保开放数据集存量动态更新，保护源源不断开放"鲜活"数据，从而有效激发社会的创新活力。第四，加强数据开放的互动管理，创新提供数据开放数据互联服务的数据服务机制，确保数据服务的有效性。明确"开放数据"和"不开放数据"的具体边界，在保障国家机密、商业秘密和个人隐私的前提下，最大限度地开放相关的个人数据，特别是对于法律明确允许开放的数据，应该保障任何人都不受限制地对数据进行合理使用和分享，最终实现数据的有效使用。

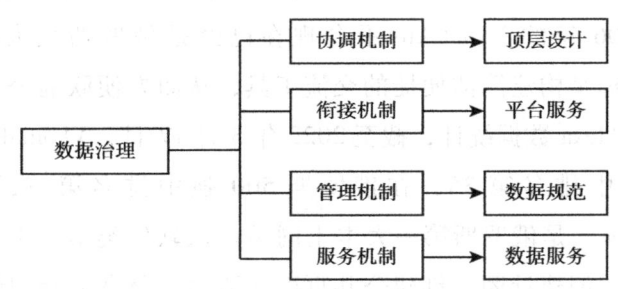

图2-4　数据治理机制示意图

第二节　移动社交媒体基本模式和典型代表

移动社交媒体具有几个基本模式：第一种是平台型移动社交媒体。这类移动社交媒体的特点是形成了强大的媒介平台，核心是汇聚了包括各种经济资源、社会资源的媒介平台。通过这种平台能够传播媒介价值，加强产品服务和平台聚合，从而加强垂直型用户服务。其信息传播的模式大多是一个点向多个点扩散的传播模式，一般是通过将移动社交媒体中的流量导入电子商务。第二种是社群型移动社交媒体。这类主要是以某种特别的属性或者偏好等形成的网络社群，群体之间的信息传递时往往是通过社群网络进行扩散式传播。随着移动社交媒体的渗透和门户化程度发展，可以分为头部应用和主流应用，前者包括微信和QQ，后者包括微博、类头条（今日头条、趣头条等）、社交短视频（抖音、快手等）、Bilibili、知乎和贴吧等六大主流应用。随着移动社交媒体的不断发展，微博的重度使用有所降低；类头条的应用整体发展相对比较平稳；短视频的增长趋势日益明显，尤其是短视频和商业活动的关联性进一步增强，包括短视频带货等成为移动社交商务的典型代表。B站作为具有新兴普及势头的社交媒体，数据变动较大；知乎应用的变动相对较为平稳；而贴吧在每天短时使用中增幅略大。微信是2011年1月21日推出的一个为智能终端提供即时通讯服务的免费应用程序，微信支持跨通讯运营商、跨操作系统平台，可以通过网络免费发送语音短信、视频、图片和文字等，也可提供公众平台、朋友圈、信息推送等功能，同时，用户可以将用户分享给好友或朋友圈可见。类似地，创建于2006年的Vkontakte平台现在已经是俄罗斯最大的社交网站。Vkontakte的目标是构建简洁便捷的交流工具，从而方便联通公众的生产、生活和服务。据Alexa数据统计，截至2022年3月17日，Vkontakte在Alexa全球500强网站中排名第35，在俄罗斯500强中排名第三，排名仅次于Google、Youtube，是俄罗斯第一大本土网站。该软件类似于Facebook，能够进行用户留言、创建社团、创建公共页面和活动，分享和标记图像、音乐和电影等。

在线社交网络可以看作异构信息网络，其中的信息通常包括时间、地点、人物、事件等，而用户往往同时存在于不同的社交网络中，由于异构的时空差异性特点，导致同一个人在不同的网络中会呈现一定的差异性。这种差异性使社交网络成为一个巨大的流量池，通过运营媒体可以获得流量，并提升品牌知名度，而且利用移动社交媒体进行引流具有成本低廉、门槛较低、流量可持续等优点。

一、基于用户的大数据分析

社群是指用户在某段时间内互动形成的具有稳定群体结构、一致行为特征和统一意识形态的个体和社会关系的集合。社群内部用户关系强度强，聚合强度大，而社群之间用户关系强度弱，离散程度大。社交媒体大数据可以分为三类（见图2-5）：用户为中心的数据、关系为中心的数据、内容为中心的数据。其中，用户为中心的数据主要是通过用户影响力计算、社群检测、用户身份识别等；关系为中心的数据主要是影响力最大化、信息传播、用户关系强度计算等；内容为中心的数据主要是进行情感分析、多媒体数据分析、话题实践挖掘、特征提取与选择。

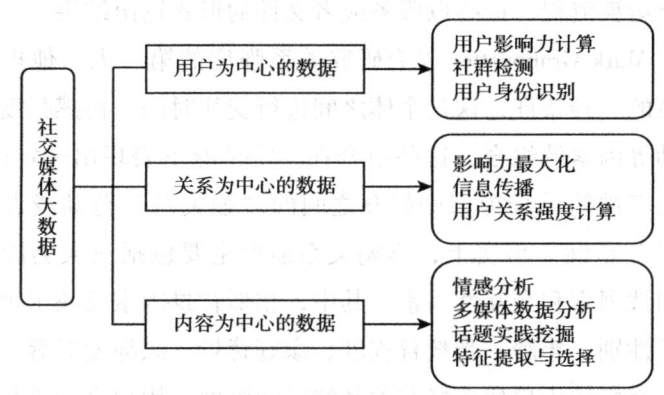

图2-5　基于社交媒体大数据的分析方式

二、基于关系的大数据分析

首先考虑基于时空关系的大数据分析（见图2-6）。时空数据一般具有来源广泛、类型多样、结构分散、规模庞大等典型特征。如何充分组织和管理多维度的时空数据，构建时空大数据分析模型，充分挖掘大数据价值，更好地进行辅助决策，成为进行大数据分析的关键。因此，可以运用GeoScene GA大数据产品的Run Python能力构建大数据分析模型，从而对多源数据进行有效的清洗、融合和分析。

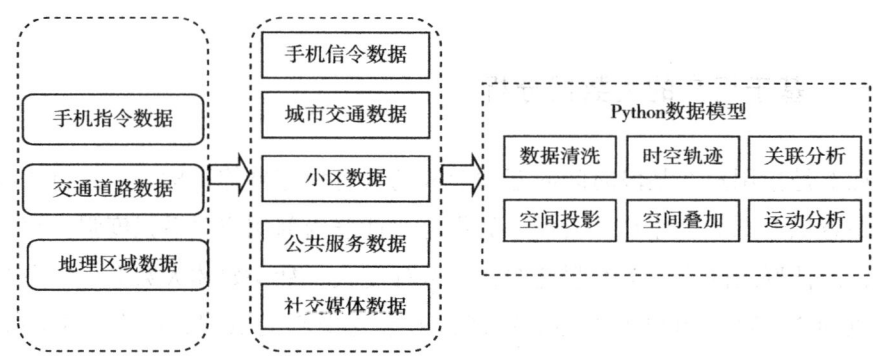

图 2-6 基于关系的大数据分析实现过程

而 Run Python 模型运行则是：先通过 Spark 模块读取数据并且将相关的数据存储到数据框架中，再运用 Spark Context 以及 GeoScene GA 对任务进行监控，把控整个运算流程，最终以服务或者文件的形式输出结果。

1973 年，Mark Granovetter 成为研究关系强度的第一人。他提出，关系强度反映了关系的一种特征，这是个体之间进行交往时间、情感强度、亲密程度以及互利互助等因素的组合，这些组合在一定情况下表现出一定的线性特征。传统的关系强度被简单分为亲密好友之间的"强关系"范畴或者一般熟人之间的"弱关系"范畴。事实上，影响关系强度主要包括三大类因素：相似背景因素、时间性因素和交互性因素。其中，相似背景因素反映了个体拥有的相关属性，包括性别、年龄、受教育程度、家庭背景、兴趣爱好等；时间性因素反映了移动社交媒体用户建立好友关系的时间跨度、用户之间进行持续时间活动的长度以及好友用户间发生交互活动的频率，交互性因素指的是用户之间进行的交互行为，包括评论、点赞、转发、收藏等。与交互性行为相关的因素包括交互行为发生的总次数、交互主题的多样性、个体间的互助性等。个体间交互所涉及主题涵盖的面越广，说明个体间关系强度越强。

（一）相似背景性因素计算

用 $S(x_i, x_j)$ 表示用户 x_i 和用户 x_j 的背景相似性，其中包含用户个人信息的相似度和用户所关注个体的相似度。对于用户 x_i 和用户 x_j，分别用 $\overline{F_i}$ 和 $\overline{F_j}$ 对他们的个人信息进行表示，包括性别、职业信息、所在地、教育信息等。背景相似性可以用如下公式计算：

$$S(x_i, x_j) = \frac{\sum_{k=1}^{m} f_{ik} \times f_{jk}}{\sqrt{\sum_{k=1}^{m} f_{ik}^2} \times \sqrt{\sum_{k=1}^{m} f_{jk}^2}} + \frac{U_i \cap U_j}{U_i \cup U_j} \qquad (2-1)$$

其中，U_i 表示用户 x_i 所关注的个体集合，U_j 表示用户 x_j 所关注的个体集合。m 表示用户个人信息属性的数量。f_{ik} 表示用户 x_i 的第 k 个个人信息属性的值，f_{jk} 表示用户 x_j 的第 k 个个人信息属性的值。

（二）时间性因素计算

使用 $T(x_i, x_j)$ 来衡量用户 x_i 和用户 x_j 的时间性。用户之间交互活动频率越高，时间性数值越高。具体可以用如下公式计算：

$$T(x_i, x_j) = \frac{I_{ij}}{\sum I_i} + \frac{I_{ij}}{\sum I_j} + \lambda T \qquad (2-2)$$

其中，I_{ij} 表示在某一活动领域中用户 x_i 和用户 x_j 的具体交互次数，$\sum I_i$ 表示在同一活动领域中用户 x_i 和其他用户发生交互的总次数。$\sum I_j$ 表示在同一活动领域中用户 x_j 和其他用户发生交互的总次数。λT 是设定的最近一次发生交互时距今的天数的权重。

（三）互动性因素计算

这里用 $R(x_i, x_j)$ 表示用户 x_i 和用户 x_j 的具体互动性，这些互动行为是通过交互活动中的点赞、评论和转发行为进行的。这里，运用距离函数比较赞同或者不赞同的语言模型。定义分类函数 ω 如下：

$$\omega(d; \phi_p; \phi_N) = D(\phi_d; \phi_p) - D(\phi_d; \phi_N) \qquad (2-3)$$

当 $\omega(d; \phi_p; \phi_N) < 0$ 时，赞同；当 $\omega(d; \phi_p; \phi_N) > 0$，不赞同。其中，$\phi_p$ 表示"赞同"情感倾向的语言模型，ϕ_N 表示"不赞同"情感倾向的语言模型。ϕ_d 是根据一个测试文本生成的语言模型。$D(\phi_d; \phi_p)$ 是 ϕ_d 分布和 ϕ_p 分布之间的距离，$D(\phi_d; \phi_N)$ 是 ϕ_d 分布和 ϕ_N 分布之间的距离。如果 $D(\phi_d; \phi_p) < D(\phi_d; \phi_N)$，则意味着测试文本 d 更接近于"赞同"的情感倾向。如果 $D(\phi_d; \phi_p) > D(\phi_d; \phi_N)$，则意味着测试文本 d 更接近于"不赞同"的情感倾向。如

果 $\omega(d;\phi_P;\phi_N)=0$,则测试文本 d 的情感倾向将被认为是"中立"的。这里的交互活动包括点赞评论和转发行为。当用户进行点赞行为时,认为属于"赞同"情感类;当用户进行评论行为时,则根据评论内容,采用以上的语言模型确定所属的情感分类;当转发行为时,如果不带评语,可以认为属于"赞同"情感;如果带评语,则可以根据评语类型,人为进行具体的情感分类。

这里用 n_c 表示用户 x_i 和用户 x_j 之间进行点赞、评论或者转发交互行动的实例数,m_a 表示用户 x_i 和用户 x_j 之间进行点赞、评论或转发的所有交互行为中属于"赞同"情感类别的交互实例个数。结合了背景相似性、时间相似性以及互动性等,关系强度可以用 $E(x_i,x_j)$ 表示同一领域中用户 x_i 和用户 x_j 之间的直接关系强度,用如下公式表示:

$$E(x_i,x_j) = \frac{S(x_i,x_j) \times T(x_i,x_j) \times R(x_i,x_j)}{I_{ij} + \ln(I_{ij} + n_c)} \qquad (2-4)$$

可见,不同用户之间的相似背景越高,用户之间的时间性值越大,进行交互时所表达"赞同"情感越多,则用户之间的关系强度越强。

用户关系强度的计算源于实际数据的传播模型,显然这些数据需要考虑信息本身的特性、用户关系、微博网络外部因素等多方面进行建模。从整体出发,预测信息的扩散速度、范围、广度、深度等。或者从个体出发,预测用户个体传播的概率,从而研究整个社会网络的信息传播情况。

三、基于内容的大数据分析

通过话题挖掘,采用历史事件追溯检测和在线新事件自动识别方法,及时了解地理位置信息,并对社交媒体的动态性和时效性进行分析。针对大数据进行深层次语义挖掘。而情感分析或者称为意见分析,主要是根据人物、事件或者具体的话题,提取不同领域的公众情绪和意见,从而进一步预测相关的结果。

根据消费者行为进行大数据分析模型构建(见图 2-7)。其中,Hadoop 分布式存储和计算平台主要由 HDFS 分布式文件系统、MapReduce 并行计算两部分组成。通过 Hadoop 可以实现对大数据分布式存储和并行计算,具有比较高的容错率和系统扩展性,从而实现高速的数据读写。针对用户行为的大数据分析模型主要通过用户行为数据源、HDFS 分布式存储和管理、MapReduce 并行计算三部分，模型通过 HDFS 实现对用户行为大数据的存储和管理，通过 MapReduce 实现对用户行为大数据集的并行挖掘。

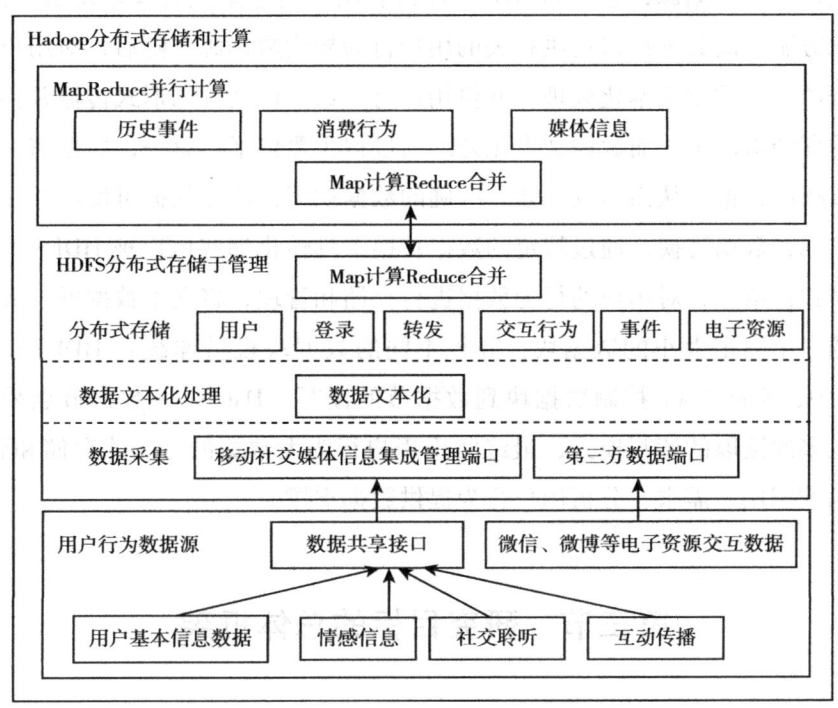

图 2-7　基于内容的大数据分析框架模型

用户行为数据源主要是通过移动社交媒体集成管理系统服务器端积累了大量移动社交媒体用户在社交媒体端言论发表、生活分享、商品点赞、转发、点评等所留下的海量行为数据、个人特质以及情感信息等。这些海量的共享社交媒体数据蕴藏着无数对企业和品牌有一定价值的商业信息。而 HDFS 分布式存储采用典型的主/从结构进行大数据的分布式存储和管理。通过一个 NameNode 控制节点和多个 DataNode 数据节点组成。其中，NameNode 节点管理元数据和数据节点，用于存储数据文件的目录，实现数据块到 DataNode 的读写操作。DataNode 是数据存取的基本单元，用于存储数据块，执行 NameNode 发送的相关读写操作。

移动社交媒体行为数据采集就是对移动社交媒体用户相关的大数据进行存储和管理，而这些存储和管理的信息往往分散存储于移动社交媒体集成管理系统、第三方代理服务器端的用户行为日志文件。Flume 日志采集工具采集用户行为大数据的具体过程包括：第一，配置异构数据源，通过媒介接口采集各类社交媒体的用户行为数据，并设置定时启动、关闭和传输数据等控制服务；第二，获取异构数据源，通过 Source 组件封装用户信息集成管理系统数据接口，为第三方服务商数据接口提供相关的用户行为异构数据源。随后，对用户的异构数据源进行数据文本化处理，并将用户行为数据以文件的形式传输并存储到特异的存储组件中。而数据文本化处理的过程主要包括：第一，数据清洗，剔除很多噪声数据，从而实现高效、准确的数据挖掘，确保数据可使用性和完整性；第二，数据转换，通过特定的数据转换工具转化那些可以被 HDFS 解析的文本格式；第三，对用户的行为数据进行存储和管理，将文本数据拆分成不同类型的多个固定大小的数据块，并将不同的数据块批量加载到 HDFS 中。在 HDFS 中，NameNode 控制数据块到数据节的读写。DateNode 数据节点采用一次写入多次读取的读写模式，最终实现用户行为大数据的分布式存储和管理，从而为挖掘用户需求、分析用户行为提供数据支撑。

第三节　研究目标的总体框架

本书的研究在总体框架上可以分为四个子研究，其基本研究框架参见图 2-8。

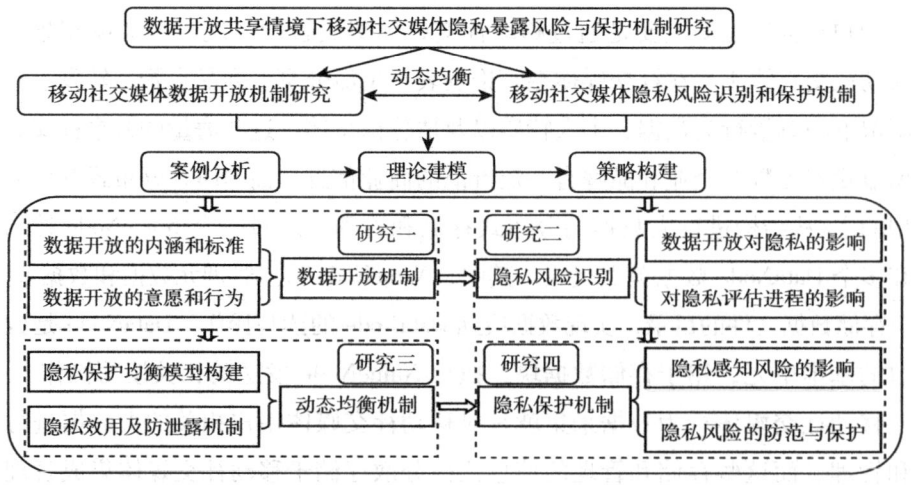

图 2-8　本书的基本研究框架

研究一：移动社交媒体情境下社交媒体数据开放的机制研究

1. 移动社交媒体数据开放的内涵、开放尺度和开放标准研究

首先，基于移动社交媒体数据开放和隐私边界的模糊性带来的现实困境，对比分析国内新浪微博、腾讯微信与国外 Facebook 及 Twitter 的隐私条款差异性，分析影响数据开放的具体要素指标，从理论上构建数据开放尺度框架模型，为后续研究提供理论基础。其次，利用演化博弈论模型确定移动社交媒体下由于数据开放导致的隐私悖论产生的合理性及其动态演化规律。通过实证模型分析，研究隐私悖论在移动社交媒体不同环境及条件下的表现形式。构建包括成因解释、存在性验证以及表现形式还原在内的隐私悖伦框架模型。

2. 数据开放的意愿和用户行为关系研究

首先，以代表性社交媒体—微信为对象，从数据风险和社会回报两方面研究用户的数据分享意愿和用户行为；基于移动社交媒体数据的开放广度和开放深度视角开展实证分析和理论建模，构建不同类型数据开放下移动社交媒体用户体验和数据分享的行为模型。其次，开展实证调研，通过大量反映社交媒体用户隐私关注及行为的有效数据，并将数据挖掘得到的悖论关系与市场引导及决策相联系，比较不同社交媒体平台的隐私悖伦存在性和表现差异，为社交媒体服务方和用户指定隐私策略奠定理论依据。

研究二：移动社交媒体数据开放情境下隐私暴露风险评估内容

1. 移动社交媒体数据开放对隐私暴露评估的影响范畴研究

首先，研究数据开放对隐私的内涵及其外延的影响。通过自陈式问卷调查和滚雪球随机抽样相结合手段，对 300 例移动社交媒体用户进行行为特征调查。运用聚类分析和交叉分析的方法，对用户行为特征进行识别，分析不同程度的数据开放（如低、中、高度开放）对用户隐私行为活动的影响程度，以此作为后续隐私保护评估的基础。其次，通过调研问卷掌握移动社交媒体开放数据中隐私风险防控的策略，对移动社交媒体开放情境下个人隐私的评判标准、隐私影响评估（PIA）框架和隐匿性逻辑、隐私风险应对的数据处理规范进行框架模型构建，通过构建直觉模糊评价模型对隐私风险进行直觉模糊综合评价。

2. 社交媒体数据开放对隐私影响评估的实施进程研究

首先，根据已获得的影响用户行为特征要素，包括社交媒体信任、网络人

际信任等。并将社交媒体信任和网络人际信任等作为中介变量，分析社交媒体信任如何影响网络人际信任而影响用户隐私风险，进而研究移动社交媒体个人信息流动和隐私泄漏风险的关系。其次，根据调查的信息风险量表、信息敏感度量表、隐私披露行为量表，分别从移动社交媒体技术性风险和非技术性风险角度探究信息数据差异化对隐私风险评估的影响。

研究三：移动社交媒体数据开放和隐私保护的动态均衡机制设计

1. 社交媒体数据开放环境下隐私保护的框架设计及均衡模型构建

构建数据收集阶段、应用阶段及隐私保护阶段数据开放度和隐私保护度的动态博弈框架，定义相互关联的差分隐私，即在每个数据集基于差分隐私选择的隐私参数情况下，各自数据集最终的隐私度。首先，构建博弈模型，每个参与人，即数据监管者，其目的都是为了在带有一定隐私约束情况下最大化数据效用，并用 Nash 均衡作为博弈的稳态，以及用 POA 值评估这种稳态下的效用效率；其次，框架以数据生成者和数据收集者为主要角色，围绕数据资源标准化、数据质量、分配权益在各个阶段探究隐私保护框架设计。

2. 数据开放情境下隐私保护程度和隐私泄露防范机制设计

考虑社交媒体用户形成的关联数据集情况下，研究数据开放环境对不同程度隐私保护条件（动态）的用户效用优化问题；针对隐私泄露防范机制设定问题，通过"委托－代理"博弈模型，构建基于网络保险的风险控制模型实现对隐私泄露的动态补救措施。首先建立基准模型，在不存在隐私信息保险情况下，用户的隐私信息披露行为及移动社交媒体企业的决策行为。其中移动社交媒体企业的收益源于收集消费者隐私信息而获得的收益及产品或服务收益。企业的成本来自于综合服务成本，构建企业的利润函数模型 $\max_{p,s} \pi_C = \int_{v_0}^{1} (\alpha y_i + p) dv_i - c(s + s^{-1})$。其次，消费者效用源于移动社交媒体服务效用、消费者隐私信息披露风险效用以及消费者应用服务等产生的支付费用，构建消费者效用函数模型 $\max_{y_i} u_{N_i} = v_i s + \omega_i (1 - y_i) y_i - p$。分析均衡条件下隐私信息保险对消费者隐私信息披露决策影响。

研究四：移动社交媒体情境下数据开放和隐私保护的实现路径

1. 移动社交媒体用户隐私感知风险对数据开放程度的影响研究。

首先，通过文献分析，识别隐私感知风险的类型和划分维度（隐私政策、信息交互、情感交互)。将用户分为隐私极端主义、隐私实用主义和不关心隐私三种类型,在模型中分别赋予三类用户不同的行为变量,例如隐私极端主义者保护所有的隐私,移动社交媒体得不到任何信息;隐私实用主义权衡利弊,根据隐私风险大小和提供隐私的利益决定是否进行数据开放和共享;不关心隐私的用户向企业提供所有隐私,这与不考虑用户隐私保护的情况一致。其次,将隐私感知风险分别设定为低风险、中风险和高风险,将相关感知因素对关键变量的影响反映至博弈模型,得到隐私政策下企业决策和用户决策的均衡,分析不同类型用户在社交媒体上的隐私风险感知对媒体数据收集、管理和应用的影响。最后,运用直觉模糊聚类方法构建多维度下的隐私风险评估指标体系,并用直觉加权层次分析法计算对各级指标的综合权重,衡量用户感知风险如何影响社交媒体数据开放程度。

2. 移动社交媒体数据开放过程中的隐私风险防范和保护路径研究

首先,分析数据开放对隐私政策、信息交互、情感交互的影响程度,并分别从技术层面、运营层面、法律层面明确个人隐私范畴,隐私风险产生后的社交媒体用户的应对策略以及保障隐私的认知意识和行动策略;其次,基于数据生命周期模型,将移动社交媒体数据开放过程分为数据采集、数据组织与披露、数据保存、数据访问、数据使用五个阶段,在每个阶段中分别分析移动社交媒体数据开放过程中的个人隐私风险,同时针对所存在的个人隐私风险在法律法规政策制定、机构设置及隐私保护方面提出的相关个人隐私风险策略进行汇总,并对企业、行业、政府三方数据共享开放过程中的隐私保护问题提出建议。

第三章　移动社交媒体数据开放与共享模型构建

移动社交媒体在运营过程中会产生大量的数据，而这些数据往往掌握在相关的社交媒体企业或各级部门之中。在保障各级机构利益的基础上，这些数据最大限度地由媒体企业开发出来，并供社会其他部门进行融合利用，从而释放数据能力，激发创新活力，创造经济和社会价值。这就是移动社交媒体企业进行数据开放的最初的目标。在开放的对象上，移动社交媒体数据开放的是数据。所谓数据就是一手的原始记录，未经加工和解读，不具有明确意义。信息经过加工、分析和解读，具有特定的意义。可见，数据是信息的底层，数据比信息具有更大的利用空间和挖掘潜力。数据开放通常是以电子化、结构化、可机读格式开放的数据集合。数据开放与数据共享概念不同，其内涵也不同。其中，数据开放指的是将原始数据向不特定群体完全呈现，让数据相关的其他群体能够直接获得相关的一手资料，从而有利于相关群体对有关数据进行加工和处理。从开放的范围来说，数据开放是一种毫无隐藏的开放。而数据的共享则是将固有数据进行一定的加工和处理，根据群体需要将相关的处理后的数据内容向这些群体开放。数据开放的关键在于开放的具体对象和开放的内容，即需要将哪些数据公开，将哪些数据不公开。

数据共享则是将相关数据提供给其他群体，并经过处理后使用。可见，数据共享的主要目的是通过数据的供给，打破组织内部壁垒，消除"数据孤岛"，从而实现数据供给能力、提高运营效率并且降低组织运营成本。简单来说，数据开放是向外部提供必要的数据，而数据共享指的是内部进行数据的必要交换。根据英国开放知识基金会对数据开放的相关定义：具有非歧视性的机器可读并且授权的数据才属于开放数据。针对这一概念定义不难看出，其中，第一个属性，非歧视性表明数据开放的对象是普遍的，不具有特定的针对性；第二个属性，机器可读性表明数据的格式具有一定的特征，这一特征能够有效地被计算机进行处理和读取的，从而能够有效利用。而授权开放则表明数据的使用是经过数据拥有者的同意或知情而能让使用者进行有效利用，表明了数据开放的合法性。显然，通过移动社交媒体有效的数据供给有利于数据流动以实现数据和信息的增值，从而不断提升社会的生产效率，最终创造更大的经济和社会价值。通过数据赋能能够加强数据的汇聚、融合、共享和开放以及有效的数据利用。这就需要重新审定数据开放的规则和条件，通过一定的规则推进数据以发动有序的流动，从而有效提升数据利用者的科学化水平和管理服务效率，催生经济和社会发展的新动能。可见，确定数据开放有效性的关键是深化数据源头的数据基础制度，不断加快构建多类型、多层次、多元化的数据要素市场体系，为数据基础制度的不断完善提供良好的市场和环境，从而确保数据开放的外部条件。

第一节　数据开放的内容和基本模型

移动社交媒体数据可以跟踪处理社交过程中不易被察觉的很多细节信息，而这些细节信息通过相互融合，可以为企业或政府决策提供参考信息。《数据安全法（草案）》提出"鼓励数据依法合理有效利用，保障数据依法有序自由流动，促进以数据为关键要素的数字经济发展"。为此，这就需要定期评估公众对数据开放的价值、准确性、客观性和隐私保护的信心，通过有效的通信工具和技术，在充分考虑数据用途和用户、确保数据质量的前提下，进一步进行数据开放。而数据开放所面临的关键问题在于：其一，数据权属关系不明确，职责分工不明确；其二，数据开放共享的标准难以统一，导致数据的权威性和规范性不足，难免出现源头数据质量问题、权限责任难以控制、数据溯源困难等。这就需要重新理解数据开放流通的政策、监管机制，并对数据开放的具体内容的范围、过程进行重新构建。

一、数据开放的内容及其信任模型

数据开放的基础离不开数据本身的自然特性。第一，数据开放的基础是具有一定的数据价值。数据需要通过标准化格式进行有效记录，以实现可发现、可获取、可互相操作和可重用。数据价值的体现是数据本身的质量，通过确保具体的数据质量以方便用户或其他相关机构更有效地使用相关数据，从而获取更好的数据结果。第二，数据技能。通过移动社交媒体体系可以向终端用户提供有效的数据服务和数据支撑，确保数据使用者可以继续发展所需要的数据技能。第三，数据可用性。需要适当地获取、移动和存储重要相关数据，鼓励在公共部门、私营部门和第三部门的组织之间更好地协调、获取和共享优质数据，并确保对相关数据流动进行适当的保护。第四，数据责任。必须确保以合法、安全、公平、可追责的方式使用用户数据，同时保证相关的数据能够利用并进行研究，通过数据分析对现有的数据管理和应用起到促进作用。

从实践过程来看，传统的数据治理模式是"知情同意"，即让用户在知道数据的使用去向时给予数据主体相应的权限。然而，这一数据治理模式的主要问题在于，数据主体和数据控制者之间存在不对等的法律关系，数据主体根本无法理解数据控制者的具体数据应用范围以及背后的数据内容。特别是在移动社交媒体领域，数据控制者是企业，而数据主体是个人。

一方面，个人对数据保护显得力不从心。无论是用户采取主观的数据保护手段还是客观的数据保护手段，数据的被利用始终存在，特别是如果完全不提供个人数据的情况下，相关网络服务供应商往往拒绝一切商业服务，这迫使用户必须提供个人数据，以获取控制主体给予的服务便利。因此，这种所谓的"知情同意"形同虚设（见图3-1）。

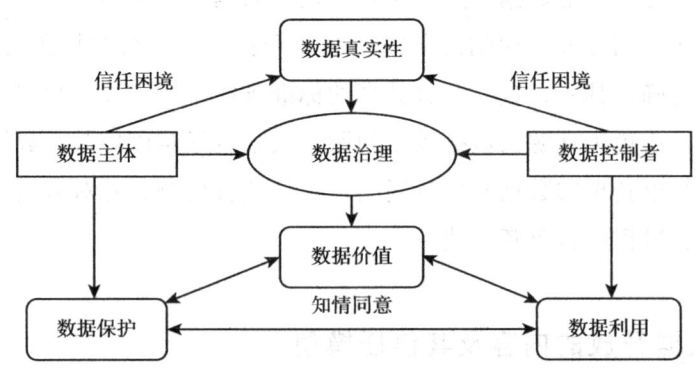

图3-1 数据使用的"双重信任困境"模式

另一方面，社交媒体只有利用媒体用户的具体数据才能获得相应的商业利益，而数据的利用离不开数据的收集、保管和使用，而在这过程中一旦发生数据泄露和数据滥用，则相关的风险由个人承担后果。这进一步加深了社交媒体企业和个体数据供应者的矛盾。在这一矛盾的基础上，数据使用往往陷入"双重信任困境"：第一重困境，移动社交媒体用户需要信任社交媒体企业对数据资源的合理合规使用，但是在实践过程中，用户往往又怀疑企业的真实意图，特别是某些数据可能给企业带来收益，而对用户本身并没有显著性效果。为此，用户在某些数据的提供上可能提供了非真实数据，例如，个人收入、财产状况、身份和其他隐私信息等。第二重困境，社交媒体企业需要相信移动社交媒体用户提供的个人数据真实有效。但是，在实践过程中，其往往又怀疑社交媒体用户所提供的数据存在不真实的情况，如个人基础信息尤其是某些收入等敏感性信息。为此，为了获得更真实的信息，社交媒体企业又采取更多的数据手段包括大数据挖掘、关联分析等从多个维度获得更多真实有效的用户数据，通过数据间相互认证从而获得更多对企业有用的信息。可见，数据信任成为实现数据共享开放所面临的重要问题。数据有效治理的关键是数据自身的特性和数据价值的实现过程。

根据数据信任网络结构的差异性，本章提出了用户的数据信任模型。在该模型中，每个用户成为1个节点，每个节点都具有2个属性值，即信任值和贡献值。其中，信任值和贡献值的计算模型如下：

定义3-1：信任值。

$$TV_j = \frac{\sum_{k=1}^{n} SV_{kj} + SR_j}{\sum_{k=1}^{n} NV_{kj} + NR_j} \tag{3-1}$$

其中，TV_j表示节点用户j在网络中的信任度。SV_{kj}表示节点用户k向节点j成功获取数据资源的次数；SR_j表示j作为推荐节点成功推荐的次数；NV_{kj}表示节点k向节点j成功请求交易的总次数。NR_j表示节点j作为推荐节点的总次数；k表示和节点j进行数据交易的节点（k为请求节点，j为服务节点），n表示和节点j直接交易的节点总数。移动社交媒体衡量用户的交互结果和推荐交互结果则对用户的信任度进行准确获取。

定义3-2：贡献值（CV）。

$$CV_j = \sum_{k=1}^{n} CV_{kj} \qquad (3-2)$$

其中，CV_j 表示节点第 j 次数据交易的贡献值大小。这往往与数据的真实性密切相关。真实性越高，贡献值越大；真实性越低，贡献值越小。

本章研究提出的信任模型中，用户节点的综合信任度可以用数据信任值和贡献值进行综合评定。

$$T_{ij} = \lambda TV_j + (1-\lambda) CV_j, \lambda \in [0,1] \qquad (3-3)$$

其中，$T_{ij}(t)$ 表示某一 t 时刻节点 i 对节点 j 的综合信任度。而 λ 则是信任值和贡献值之间的权重，可以进行动态调节，λ 的大小和节点之间移动社交媒体数据的直接交易次数相关。显然，如果交易次数过多，那么信任度增强，而贡献值相对减少；反之，如果节点交易次数过少，则贡献值增加，节点必须提升对相关交易的信任程度，那么数据获得的有效性则进一步提高。然而，在综合信任度的计算过程中，无论是移动社交媒体用户还是社交媒体本身，更看重直接交互的经验，所以设定 $\lambda > 1-\lambda$，这意味着调节权重 $\lambda \in (0.5,1)$。

二、数据开放和数据共享的差异性和联系

从数据管理的角度，对数据的管理实质是对数据进行收集、存储、处理和应用的过程，特别是当数据量越来越大时，就需要对数据的组织、运用、数据治理以及质量管理等进行全方位的管理。数据开放有利于数据的再利用，通过二次利用实现数据的价值。而通过数据共享有利于进一步加强数据公开，通过公开的数据体现数据加工后价值。可见，数据开放和数据共享的差异主要在于，数据开放直接体现了数据的价值，而数据共享则体现了数据加工后价值。但在针对数据加强保护，防范数据泄露和过度使用方面，两者具有一致性（见图3-2）。

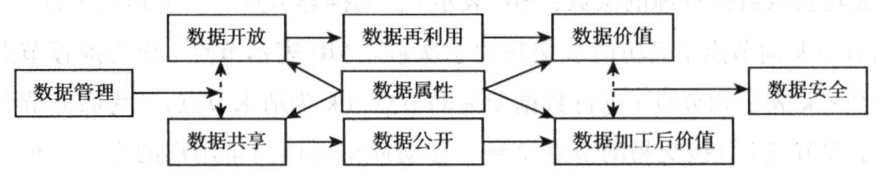

图3-2　数据开放和数据共享下的数据差距与联系

其中数据属性较为复杂。第一，数据具有个体属性，这一属性决定了数据的隐私权和人格权；第二，数据具有商业属性，通过数据开放实现数据价值，这一属性决定了数据的价值权和使用权；第三，数据具有一定的公共属性，通过法律法规政策决定了哪些类型数据可以开放，哪些类型数据不能开放，哪些数据内容需要真实，哪些数据内容可以不需要真实，这一属性决定了数据的归属权。从这一角度来说，政府和监管者更多的是从数据的公共属性出发，期待数据使用的媒体企业能够主动承担起对数据开放和数据保护的责任。但由于数据使用方的利益驱动关系，这一单纯的期望很难直接转换为有效的监管责任。相反，数据监管者更应当防范由于数据不开放导致的数据垄断和商业垄断形成的负面效果。而信托作为一种灵活的制度，有利于保证自由、安全、公平和效益的追求，通过保护数据主体包括数据隐私和数据安全的核心权利，能够改变数据控制者和数据主体之间的对立不对等关系，从而有效实现数据治理。

三、数据信托模式——对互联网平台数据的价值挖掘

数据信托是以管理数据为初始目的的信托，类似于资产信托，是数据时代适应现代数据管理需要而诞生的法律框架。英国开放数据研究所（ODI）倡导数据信托，并将其定义为提供独立的第三方数据管理的法律结构。数据信托的一个重要特征是受托人通过规定的方式决定谁可以访问受信托控制的数据以及谁可以使用这些数据，一旦使用数据信托数据的企业不能遵守数据的信托规则，则受托人可以撤销数据用户访问权限。数据信托实现的关键是成为一个独立管理数据的结构，通过制订规则协调数据共享主体之间的冲突和利益平衡。此外，通过大数据手段帮助降低管理和共享数据成本，提供安全的数据储存平台。可见，数据信托是大数据时代适应现代数据管理延伸的法律工具，其实质是经过验证的、被各方主体所接受的一个框架协议。特别是对于数据资产而言，尽管用户享有个人数据的所有权限，但是用户无法干涉移动社交媒体对自身数据进行收集。另外，移动社交媒体平台也不会将个人数据的集合、处理、分析和使用告知数据主体。个人数据具有典型的资产复合权利情况和信托制度下的双重所有权结构下的高度契合性（见图 3-3）。

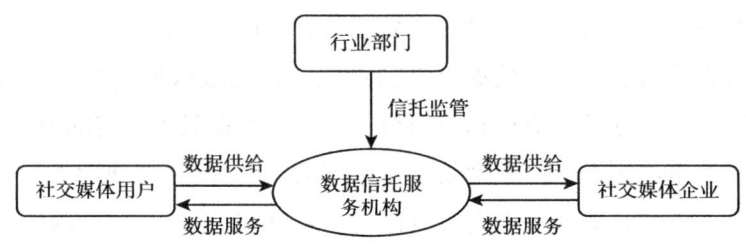

图 3-3 基于数据信托服务的移动社交媒体企业和用户关系

数据信托的重要特征：第一，数据信托的关键是构建有效的数据信托协议，通过法律协议，设定信托服务供应商的权利和义务；第二，数据信托服务商应当由具备数据治理能力的人员构成，通过相应的数据信托协议对数据的访问控制、存储、加工等进行有效的管理，并通过设定有效的防范机制防止数据泄露；第三，数据信托服务商应当建立一个安全可扩充的数据库，根据具体的格式要求，将相关的数据存储于数据库中，从而有效保障数据的安全和隐私；第四，数据服务。数据信托服务商应当通过双向的服务，一方面，受数据用户的委托进行数据流通服务，建立了数据管理的多元治理结构，解决了数据资产权限的问题。另一方面，根据用户的数据向数据使用者提供数据授权，保证移动社交媒体的利益，真正体现了数据资产价值和收益，有利于更多优质数据资源进行市场流通，提高市场的有效性。而行业部门则需要加强对数据信托服务商的有效监管，防止数据信托服务商对数据的过度使用和泄露。可见，利用数据信托结构可以构建出动态的三元监管结构，弱化由于"信息不对称"造成的数据控制者——社交媒体企业的强势地位，从而缓解企业利用数据获利与用户劣势地方的不平衡性。

首先，数据开放的关键是建立相应的管理机制。围绕事前的数据安全预防、事中的安全处理，以及事后的安全处置等探索积极有效的管理体制。构建与数据有关的全生命周期的安全管理机制。在事前需要的数据开放准备阶段，对于具有高敏感度的数据可以将数据进行一定的脱敏处理，即去除与数据信息关联内容紧密的相关性信息，从而有效避免某些数据过于敏感或内容可能引起社会问题等。而这种专业的脱敏需要隐匿必要的信息内容，以防止用户在使用相关信息时通过关联分析推测出相关的用户信息。在使用数据的过程中，如果发生某些数据突然遭受泄露问题，应当及时汇报给数据监管者。对于违规使用数据的单位和个人，应当针对具体情况进行分析，情节轻微的给予一定的批评或警告政策；情节恶劣的处以追究法律责任、行政处罚等措施。此外，一旦出现大规模数据泄露或者安全风险时，相关的主体应当第一时间将信息泄露的内容告知平台，通知平台加强信息安全和监管。对于已经造成的其他损失，则第一时间追究其相关的法律或商业责任。

其次，进一步加快移动社交媒体数据的分类开放和共享。针对移动社交媒体数据的特征依次分为禁止开放类数据、受限制开放类数据、无条件开放类数据（见图3-4）。其中，禁止开放类数据往往与用户的特定隐私信息相联系，如消费者卡号、密码等信息。受限制开放类数据往往是需要进行一定的数据脱敏的，如用户的具体收入。无条件开放类数据主要是用户使用移动社交媒体的一些必要数据，如频率、广告偏好等。这就需要用户根据自身偏好对用户数据利用情况、数据安全情况等进行明确的划分，从而做出明确的界定。

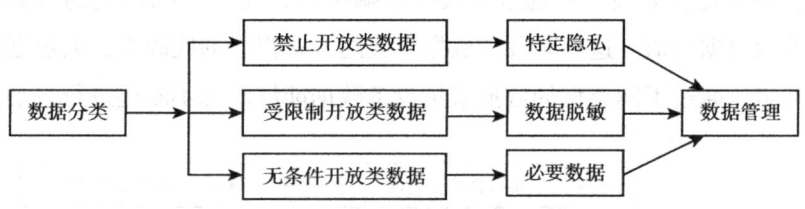

图3-4 数据分类和数据管理关系示意图

最后，明确移动社交媒体数据安全的知情权。相关用户在授权使用移动社交媒体数据时，应当明确哪些数据可以提供给用户，哪些需要有条件地提供给用户，让用户知悉数据安全方面应履行的义务。当用户明确具体的数据安全保护义务时，就需要用户能够和数据利用主体之间签订具体的使用协议，确定哪些是可以自由使用的数据，哪些是不能自由使用的数据，需要明确数据安全责任性。而数据的安全离不开必要的数据技术，如数据加密技术，这就是需要通过必要的加密手段，保证数据传输或分享过程中无法直接获取有价值的信息。此外，数据脱敏技术也是通过技术手段将数据的敏感性信息进行变形，保证使用者不能直接获得有关个人身份信息或者商业机密信息等，从而实现对用户隐私信息的保护。数字水印技术是指在数据流通过程中，通过技术手段嵌入某些可以鉴别的数字信号，从而能够有效识别和追踪数据的具体流向，防止数据遭到恶意篡改和滥用。

四、移动社交媒体数据开放的意义

移动社交媒体数据开放主要经历了三个阶段（见图3-5）：第一个阶段，被动数据开放阶段，用户的数据主要由于被动的开放。这一阶段主要是由于数据库技术的发展使相关的数据保存和管理变得简单，为此，业务系统能够在运行时将产生的数据直接保存到数据库中，数据则随着业务系统的运行而产生。第二阶段，主动开放阶段，主要是社交媒体平台加快了数据的开放和共享。这一阶段，由于移动互联网的发展，用户数据不但能够大量增加，而且用户能够进行相应的内容生成，如实时发送照片、邮件和其他信息。同时，依赖于社交圈进行相应的实时互动，从而产生出大量数据，为此，具有很强的传播性。第三阶段，数据挖掘阶段，即通过大数据挖掘手段，充分挖掘相关的数据，从而获得相关的数据价值。这一阶段，数据生成的方式得以彻底改变，大数据挖掘的方式非常多，通过不同类型的数据采集设备数据能够源源不断地进行自动采集。

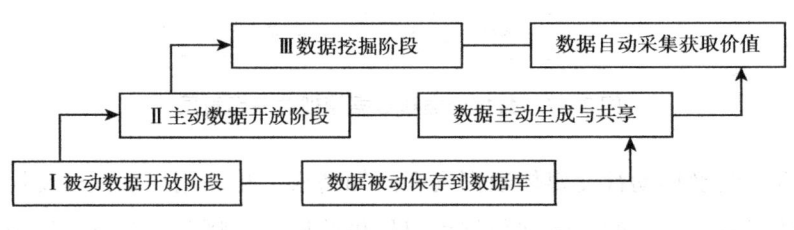

图3-5 数据开放的三个阶段及其过程

数据开放有利于移动社交媒体平台加强平台利用，提升平台的公信力，推动平台的长效发展。这就需要加强数据标准的建设，保障数据各方（数据提供者、发布者、中介和使用者）对数据内容、含义和格式等的共同理解，提升了系统间的互操作性，是企业开放数据保障机制建设的重要内容。数据是移动社交媒体平台的重要资源，移动社交媒体平台数据开放的范围、程度和速度都代表着移动社交媒体平台开放的程度。常见的数据开放格式可以有PDF、WMS、GeoJSON、SHTML、HTML、XLS、OpenXML、ZIP和Nct CDF等。其中，CSV、XML、JSON是各国较常用的几个可机读格式。通过有效利用开放数据，能够促进企业加快技术创新，助力企业经济增长。从行业发展来看，公开的数据意味着更多的商业和就业机会。数据开放的范围反映了企业在多大程度上对数据开放的分寸。数据开放许可证则反映了究竟由谁来负责数据的开放。开放后的数据安全则反映了如何避免数据关联后带来的新风险。此外，数据开放的质量维度则反映了如何减少不同部门由于统计口径差异带来的数据不一致的问题。数据开放的形式则反映了如何让公众通过何种途径和手段读懂这些数据。通过开放必要的商业数据，能够驱动企业加快转型，提升企业利润。可见，移动社交媒体数据开放有利于企业和创新者利用数据开发更多的应用场景，提升数据效率，加强数据价值，推动企业的经济转型。

数据开放管理平台需要构建完备的数据管理范畴。其中主要包括数据开放管理、接口应用管理、开放服务管理以及运行情况监控等内容。数据开放管理主要对数据源管理、数据关联管理以及进行开放目录管理；接口应用管理主要包括对数据的申请审核管理、开放追踪管理以及接口应用发布等；开放服务管理主要包括开放注册认证、服务咨询管理以及征集调查应用等内容；运行情况监控主要包括数据查询统计、访问下载管理以及运行日志监管等内容。通过有效的数据管理，企业能够在开放的同时防范数据泄露风险（见图3-6）。这就需要建立有效的数据安全风险管控的体制机制，通过系统化、体系化的过程加强对数据的安全审查、对数据主体的责任管理等。

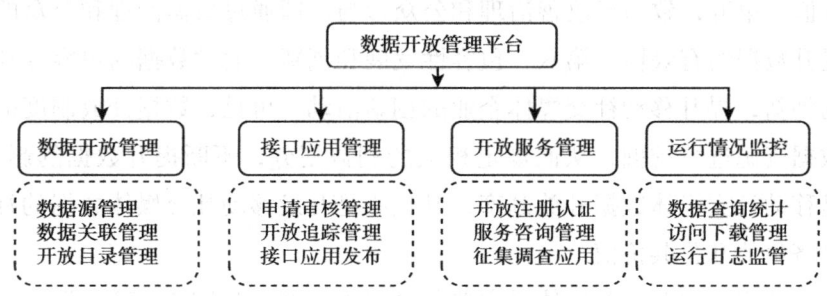

图3-6　数据开放管理平台的数据管理范畴

五、移动社交媒体的数据开放制度

移动社交媒体的数据开放的关键是基于统一的数据标准，建立数据质量的评价体系，继而发现各类数据质量问题，为数据质量的改进提供各种参考依据。根据已有研究，移动社交媒体的数据开放体系日益丰富和完善。目前建立的"数据开放五级技术成熟度模型"将数据开放分为五个阶段："信息公开""数据网站""数据门户""数据平台""数据生态"，从而形成一个循序渐进建设的参考标杆。其中，信息公开指的是将部分数据在相关网站直接体现；数据网站指的是通过开放数据目录，展现数据供给能力和与用户的互动能力；数据门户指的是关注用户体验和数据利用；数据平台指的是提供数据资源的挖掘分析从而实现数据的自动发布、汇总和分发；数据生态指的是围绕数据开展相关的科学研究、技术开发和产业应用等形成开放的可持续发展的数据体系。

2015年，《国际开放数据宪章》（ODC）诞生，确立了开放数据的六大准则：第一，默认开放。这表明传统的数据运营模式已经发生了重要转变，由单一的信息提供变为主动的数据开放，通过数据开放能够提供更多的信息价值。第二，及时和全面。及时有效的数据开放能够有利于企业加强营销和企业运营，而全面的数据有利于提升企业运营的有效性。第三，可获取和可使用。通过有效的数据获取，企业能准确了解消费者的精准数据需求，从而有效向消费者提供定向信息推送。特别是通过文件格式、机读的便捷性等进一步提升了用户体验。第四，可比较和可互操作性。通过高质量的数据集，能够有利于挖掘数据价值。第五，致力于改善治理和公众参与，即通过数据治理和公众的共享能够提升数据的有效性。第六，包容性发展和创新。通过数据的包容性和数据利用的创新，提升移动社交媒体企业的创新活动。可见，数据开放制度的本质是将数据资源进行挖掘，从而规定相关的利益划分，不断提升数据的影响力。尤其是移动社交媒体数据开放制度，其核心是开发移动社交媒体数据的社会价值、经济价值和公共价值。

我国政府数据开放制度体系主要包含三种制度（见图3-7）：第一种制度主要涵盖数据开放行为制度。这一制度主要监管数据开放的方式、数据开放的标准和数据开放的要素。通过这一制度，强调哪些数据能够有效开放，哪些数据不能有效开放，同时给能够开放的数据给予必要的资源匹配。第二种制度主要是数据内容制度。这一制度主要涵盖数据开放的具体事项、数据开放的范围以及数据开放的程度。通过这些内容详细阐明了数据开放的实质，包括数据开放的主体、相关的主管部门以及如何利用数据开放获得相关的成果和效益产出情况。第三种制度主要是数据保障制度。这一制度主要涉及行政复议、行政诉讼以及责任追究等。这一制度则充分构建了数据利用的风险评估和质量反馈机制，能够及时地向数据开放主体报告相关的数据安全风险和质量问题，切实保障数据安全的真正履行。

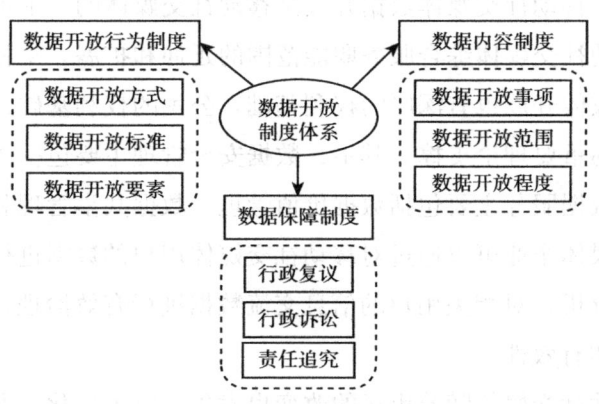

图 3-7　我国政府数据开放制度体系

总之，现有的数据开放过程中，对于数据安全的管理机制侧重于数据使用前的审查和脱敏以及开放后的责任追溯和补救处罚。但是从机制内容来看，无论是审查还是脱敏都难以对所有数据进行有效的监管，数据追踪和干预的机制还不完善，数据管理相对薄弱，导致数据安全无法充分获得保障。现有的数据安全技术很难做到均衡全面，同时也无法为数据供给和利用双方提供足够的便利和支撑。

第二节　移动社交媒体数据共享框架及理论模型

社交产品的运营的核心思想是如何激励用户持续的社交和活跃，只有一个逻辑，就是如何培养社区氛围。社交氛围的培养，一方面是发动社交网络中的用户，形成反复邀请，完成基础社群的构建；另一方面，就是通过公平的机制，鼓励社区中的积极交流、分享和合作，通过情感化策略和构建用户成长体系来完成。移动社交媒体所使用的数据主要包括两个部分：第一部分，交易数据（企业静态数据）；第二部分，交互数据（社交网络用户实时数据）。依托社交网络海量用户的完整即时数据，收集用户兴趣、用户行为、用户来源等数据，从而挖掘用户的真实生活环境、兴趣爱好、好友关系属性等，对用户进行分类并构建用户模型和标签化，实现对用户的精准预测推荐。从权利主体角度来看，一方面，移动社交媒体数据开放是移动社交媒体的一项重要职责，也是大数据时代移动社交媒体综合服务职能范围的延伸和扩展。从相对人的角度来看，移动社交媒体开放也有深厚的权利基础。公民的权利基础，成为移动社交媒体数据开放的重要理论支撑。其中，数据安全管理主要包括数据服务和客户关系管理，而数据服务主要包括数据价值管理、数据共享管理和数据服务体系等。移动社交媒体企业可以通过对移动社交媒体用户的数据进行数据层次建模和数据关联性分析，对相关用户的信息交流数据进行有效治理，从而提升数据收集的安全性和有效性。

我国的移动社交媒体随着市场的改变也发生了巨大变化（见图3-8）：在新兴市场阶段，使用的移动广告类主要包括短信广告和彩信广告，使用的社会化媒体主要包括QQ空间、博客论坛等，使用的移动购物类信息主要是淘宝。在发展市场阶段，主要的移动广告类包括搜索广告、视频广告和原生广告；社会化媒体主要包括微信、微博等，而使用的移动购物类应用主要包括团购、O2O购物类型以及综合电商等。随着市场的成熟，移动社交媒体的类型进入到拓展阶段，主要的移动广告类包括场景营销、移动端定制广告；社会化媒体包括整合多媒体、多触点媒体；移动购物类主要包括跨境电商、农村电商等。

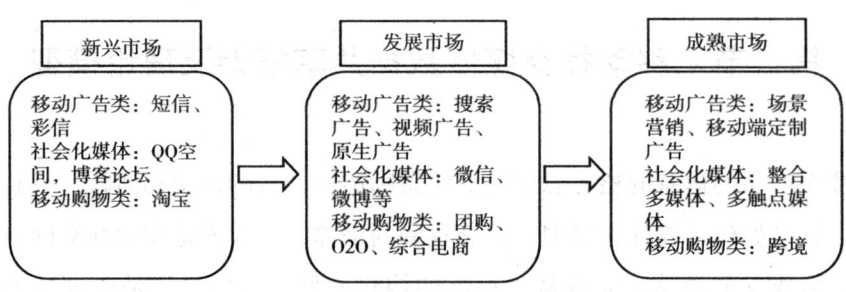

图3-8　不同阶段下移动社交媒体主要应用类型

一、位置情报跟踪社交媒体主题在社区的传播

社交网络利用身边的数据，选择合适的时间为合适的产品投放合适的广告。在社交媒体数据中，平台具有监视标签的能力，为战略性业务决策提供信息。同时，主题标签可以告诉我们哪些主题在流行。此外，移动社交媒体通过数据为人们在不同的场所中的情感提供了途径。相关数据不但包含空间的信息（如位置、场所名称），更重要的是蕴含丰富的上下文信息和语义信息。其中的文本数据描述了人们在特定场所的活动类型和情感体验通过自然语言处理可以提取，同时通过文本挖掘可以获得人类活动信息情感信息等。

首先，移动社交媒体数据开放的质量难以得到保障，特别是相关数据的体量很大，但数据维度可能比较单一。例如，可以很容易获取用户的社交媒体推送的内容，但是却难以直接获得用户的年龄、性别、职业等细节信息。其次，缺少验证性数据。移动社交媒体数据的信息指标需要利用微博数据等进行提取，通过自然语言处理办法，获得相关的时空尺度来验证。最后，方法和结论难以泛化。特别是通过解析模型或机器学习模型对移动社交媒体进行表达和建模时，可能存在不确定性，这些不确定性可能会对数据的拟合与泛化造成差异性。

移动社交媒体平台数据整合集成离不开标准。社交平台的数据分布广泛，类型多样，采集手段各异，并且综合了不同群体的数据分享类型。然而，对这些数据资源如何分类，如何描述其内容、结构；如何规范数据单元；如何定义数据的特征等问题是在移动社交媒体数据共享前需要解决的首要问题。移动社交媒体数据共享的最终目标是将整合加工的数据资源，通过现代信息技术手段，向社会提供服务。标准化程度的高低直接决定服务质量的好坏。从数据的采集、加工、存储到数据的汇总、分发、应用等，都必须依据标准，自上而下地对移动社交媒体数据共享服务规范化，从而推动和促进社交媒体数据共享的广度和深度。为此，移动社交媒体平台数据共享作用主要包括三部分内容（见图3-9）：数据交换治理、大数据支撑平台以及共享应用。其中，数据交换治理主要包括数据共享交换子系统、数据治理子系统、数据管理子系统、数据安全子系统四个子系统。大数据支撑平台主要包括数据挖掘平台、数据支撑

平台、大数据分析平台以及大数据关联处理平台四个平台内容。共享应用主要包括平台接口服务、可视化服务、精准营销管理以及资源控制管理四部分应用内容。

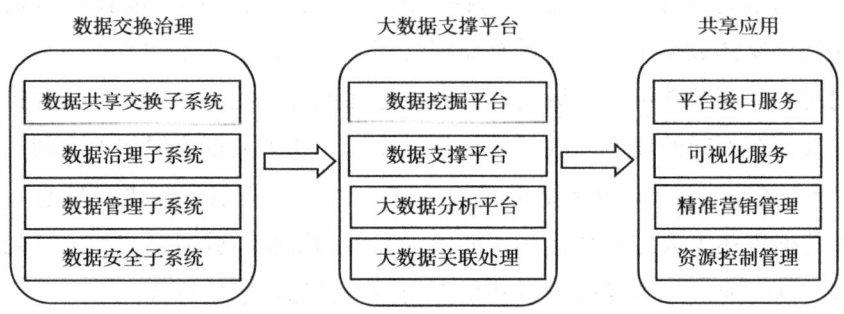

图 3-9 移动社交媒体平台数据共享作用示意图

二、移动社交媒体数据共享标准规范体系框架

移动社交媒体数据共享标准规范体系是在国家及社交媒体领域相关政策法规的支撑下，在科学地对社交媒体数据共享运行管理机制的保障下，依据国家对相关数据共享颁布的指导性标准，同时结合移动社交媒体自身的特性在数据描述、共享系统建设和管理、共享服务等方面进行标准化需求综合研究制定的。从整体来看，数据共享是一个开放的数据资源整合、多元主体互动的过程，并由此形成了一个有机的价值共创系统。该系统的关键要素是构建标准的规范体系框架，通过体系框架的共建实现利益相关者识别、平台构建、数据资源整合、数据价值实现和增值等步骤，最终形成完善的数据价值共创。

（一）标准规范体系框架及其层次

标准规范体系框架可以分为 3 个层次，即社交媒体指导类标准、社交范围通用类标准、社交领域专用标准。其中社交范围通用类标准又分为数据类、管理和建设类以及服务类 3 个类别的标准。

其中，共享标准体系主要包含四类标准：数据标准、业务标准、管理标准、安全标准（见图 3-10）。第一，数据标准主要包括元数据、数据共享、

第三章 移动社交媒体数据开放与共享模型构建

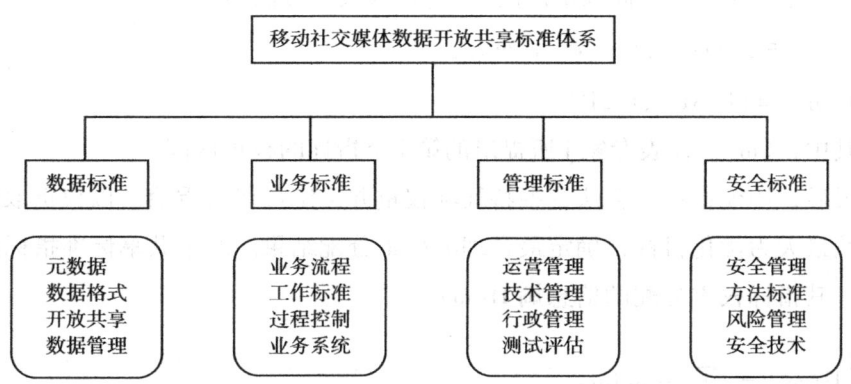

图 3-10 移动社交媒体数据共享标准体系框架

开放共享格式、数据管理等,通过一系列标准化处理,使数据的类型和传递形式更加标准;第二,业务标准,主要是通过具体数据和信息推动业务流程和业务系统标准化;第三,管理标准,主要是通过运营维护、测试评估等保证数据管理和运行更加标准化;第四,安全标准,主要是通过有效的安全管理以及通过安全技术实现管理体系的标准化。在此基础上构建相关的共享标准指标综合评价体系。本书提出的评价模型如下所示。

首先,构建区间评价矩阵。移动社交媒体数据共享标准评价指标体系结构,采用具有不确定性的区间层次分析法(IAHP)对评价指标进行赋权,通过对指标的重要性进行两两比较建立区间评价指标,第 j 名专家的评价矩阵可以表示为:

$$A_j = \begin{bmatrix} [a_{11}, u_{11}] & [a_{12}, u_{12}] & \cdots & [a_{1n}, u_{1n}] \\ [a_{21}, u_{21}] & [a_{22}, u_{22}] & \cdots & [a_{2n}, u_{2n}] \\ \vdots & \vdots & & \vdots \\ [a_{n1}, u_{n1}] & [a_{n2}, u_{n2}] & \cdots & [a_{nn}, u_{nn}] \end{bmatrix} \quad (3-4)$$

其中,n 为指标的总数,a_{ij} 和 u 分别表示指标 i 和 j 指标之间的重要性差异评价和该评价的模糊度,该评价的区间表示方式为:

$$[a_{ij}, u] = [a_{ij} + u]' \quad (3-5)$$

其次,计算指标权重区间向量。对于区间评价矩阵 A_j,分别计算其下界和上界组成的矩阵的最大特征值所对应的特征向量 p^- 和 p^+,则 p^- 和 p^+ 的组合即为专家 j 提出的指标权重区间 $[P_j]$，其表示方法为：

$$\begin{cases} [P_j] = [[\omega_{j1}],[\omega_{j2}],\cdots,[\omega_{jn}]] \\ [\omega_{ji}] = [0.8P_i^-, 1.2P_i^+] \end{cases} \quad (3-6)$$

其中，$[\omega_{ji}]$ 代表专家 j 所提出的第 i 个指标的权重区间。

最后，用模拟退火算法挖掘特征项权重并确定最优权重值。以权重取值的信息熵最大为优化目标，确定最合理的权重分配结果。对于共享标准指标评价体系，其指标权重分配的信息熵 $H(\omega)$：

$$\begin{cases} H(\omega) = \sum_{i=1}^{n} -\omega_i \ln\omega_i \\ s.t. \sum_{i=1}^{n} \omega_i = 1, 0 < \omega_i < 1 \end{cases} \quad (3-7)$$

（二）移动社交媒体数据共享标准规范体系建立原则

移动社交媒体共享标准规范体系的建设需要依据标准化对象的实际，根据系统所具有的特征去构建。数据标准是共享标准规范的基础，决定着业务标准、技术标准以及管理标准等。移动社交媒体数据共享标准规范体系建立原则如图 3-11 所示。

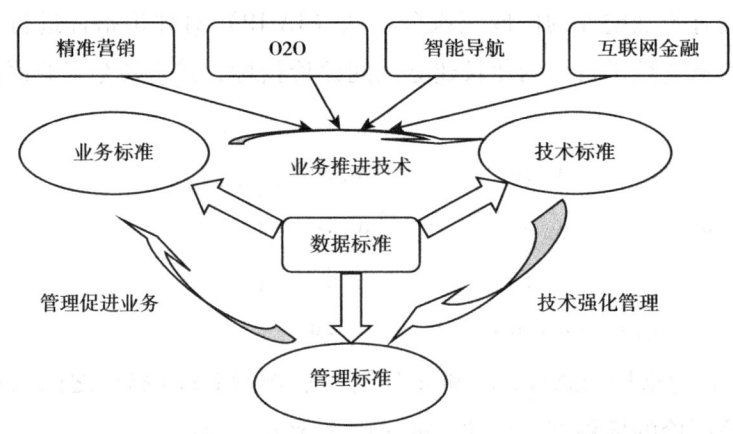

图 3-11　移动社交媒体数据共享规范体系建立原则

其中，移动社交媒体进行数据共享的技术标准强调通过技术手段促进数据共享，提升整个社交媒体系统的实施效率，提升共享数据的数据质量。管理标准是指企业通过管理手段实现数据驱动管理和精准数据分析。业务标准是指企业通过提升业务的规范性和效率，降低业务沟通成本。而通过移动社交媒体数据共享可以有效实现精准营销、O2O业务、智能导航业务以及互联网金融等业务。其中，O2O业务能够实现线上营销线上购买带动线下经营和线下消费。智能导航业务能够利用数据提供智能信息加载等。

（1）科学性。

科学性是移动社交媒体数据共享规则标准化的最基本原则。即企业通过采用所述标准的有关应用系统和技术系统，实现对移动社交媒体安全、可靠、稳定运行的根本保障。数据的标准化能够有效避免数据大量占用系统资源，有利于优化和管控存量业务产生的数据和后续快速壮大的增量业务产生的数据。这使数据共享的内容和流程更加科学有效。

（2）系统性。

系统性的内涵是指标准体系中各个标准之间内部联系和区别的体系，应做到内容全面和层次合理。系统性能够保证社交媒体关联数据的高效使用，使媒体关联数据真正为移动社交媒体业务所用，从而实现对社交媒体的精细化运营和移动社交具体数据的价值化管理。

（3）先进性。

充分利用移动社交媒体先进技术，积极等同和等效采用移动社交媒体的国家标准、国际标准。移动社交媒体具有媒体丰富性和便捷性更高的优点，能够使沟通变得更加便捷。此外，移动社交媒体具有典型的广泛性和自组织性，能够使用户自组织提供更广阔的空间。特别是移动社交媒体能够为个人提供个性化服务，从而具备赋能性。通过对传统产业的改造，能够涌现出更多的新产业和新业态，激发互联网上的创业热潮。

（4）可扩充性。

可扩充性属性反映了移动社交媒体数据共享标准的动态属性。这表明企业既要考虑目前的技术和应用发展水平，也要对未来数据的发展趋势有所预见。未来移动社交媒体将会整合更多的用户社交资源，在社交媒体应用内部首先形成一个强大的传播力量，再进行内容的向外扩展，最终实现内容传播效果的爆炸式增长。

移动社交媒体安全的关键是保障数据共享等的安全，其基础设施安全技要求参见图3-12。其主要包括三个阶段，即共享数据准备阶段、共享数据交换阶段、共享数据使用阶段。其中，共享数据准备阶段主要包括四个步骤：第一，数据源的鉴别，通过社交媒介分层了解数据源的准确来源；第二，数据分级管理，了解哪些数据是安全的，哪些数据是次级安全的，确定移动社交媒体的数据安全层级；第三，要对数据进行质量控制，确定哪些数据具有相应的质量层次，确定移动社交媒体的质量分层；第四，数据存储加密，确定如何对数据进行有效的存储和加密，确定数据存储和加密的具体分层。通过有效的共享数据准备，移动社交媒体可以为数据交换实施提供基础性服务。

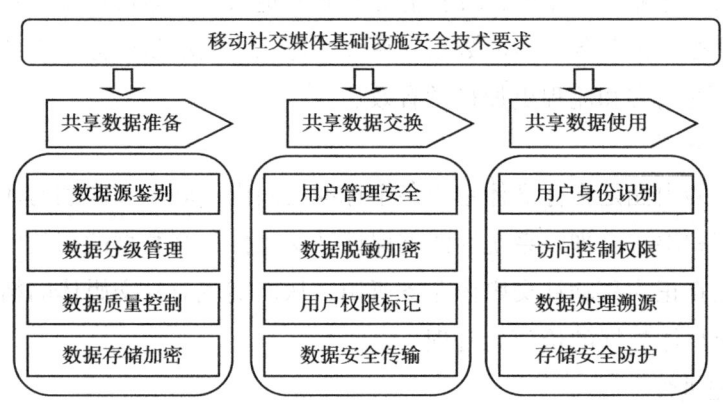

图3-12 移动社交媒体基础设施安全技术要求框架

共享数据的准备阶段是为共享数据交换阶段服务的。通过有效的数据准备，能够更加有效地对相关数据进行服务。为此，共享数据交换主要包括：第一，用户的管理安全，这主要涉及对系统用户和非系统用户区别对待，对于系统用户要加强用户数据的有效管理，而对非系统用户要防范其可能带来的潜在数据风险；第二，数据脱敏加密，通过去除某些敏感数据，使数据变得不敏感，通过脱敏手段使数据的安全性更高，由于不含有特定的信息使其传播更加安全有效；第三，给用户权限做标记，针对不同用户权限给予不同的标记，通过权限的区分，使数据的利用程度和系统的利用程度更高；第四，数据安全传输，通过特定的传输方式，保证数据的传输安全。通过特定的传输方式，保证了数据在传输过程中的损失或者被篡改，最大限度地保证了数据的安全性。可见，通过数据交换等一系列过程，移动社交媒体就能方便地利用相关数据进行有效的识别访问。

从数据的使用过程来看，企业共享数据使用主要包括：第一，用户身份识别，通过识别不同类型用户从而了解用户的差异性；第二，访问控制权限，了解不同用户的访问情况；第三，数据处理溯源，通过追溯相关的数据来源进行处理；第四，存储安全防护，通过安全存储保证数据使用的安全性。通过共享数据使用，使数据的有效性、适用性得到显著提高。

三、移动社交媒体数据标准规范体系主要内容

2015年，国家新闻出版广电总局下发了《关于确定专业数字内容资源知识服务模式试点单位的通知》和《关于推荐专业数字内容资源知识服务模式试点工作技术支持单位的通知》，随后不断推动以"知识服务"为标签的数字化产品和服务平台。这表明，以知识服务为基础的数字资源已经成为企业和社会发展的重要推动力。在这个标准规范体系中，能够详细阐述移动社交媒体数据共享标准化的总体需求、概念、组成和相互关系，以及使用的基本原则和方法等。通用类标准是指移动社交媒体行业具有共性的标准。遵循这些标准，能够实现移动社交媒体领域数据规范化的定义、描述、加工、整合、存储以及交换的无歧义理解。

（一）移动社交媒体数据规划化通用类标准

主要通用类标准包括以下内容。

（1）社交媒体指导类标准。通常数据指导类标准包括：第一，数据标准建设原则和规范，主要涉及如何构建有效的数据标准；第二，相关信息子集标准、相关国际代码集、部标代码集，主要与相关的代码等密切相关；第三，社交媒体自定义代码集标准，主要和自定义的类型等相关；第四，各种编码规则方案，主要与数据规范后的编码规则有关。

（2）社交范围通用类标准。涉及移动社交媒体的通用标准主要包括：第一，社交范围的具体定义，涵盖了社交的具体领域和覆盖的相关人群；第二，社交范围的内涵，涵盖了社交所包含的内在属性；第三，社交范围对社交媒体数据的影响等，这一规则表明了社交具体范围可能带来的影响等。

(3) 社交领域专用标准。与移动社交媒体有关的数据标准类型主要包括《数据加工规范》《元数据检索和提取协议》等。这些标准都与移动社交领域自身特点密切相关。在这些标准的基础上，企业可以通过数据管理信息系统进行数据共享交换。以共享数据库为桥梁，建立和完善用户的权限管理。其中，共享数据库的应用系统内部无直接数据联系，通过共享数据库的系统耦合能够有效地降低社交媒体应用，从而有效提升数据库的安全性。

（二）移动社交媒体数据共享体系重点标准的分析

根据移动社交媒体数据共享体系中的各专项标准，在深入学习数据共享理论和移动社交媒体用户潜在需求的前提下，可知数据开放面临的主要问题如下。

第一，数据产权界定难度很大。数据产权问题涉及技术、法律、经济、安全等多个方面内容，特别是移动社交媒体数据在运行和产出过程中都发生着一定的变化，其数据的归属权往往存在不确定性。因此，数据产权的界定面临较大的复杂性。

第二，数据价值无法进行有效衡量。移动社交媒体数据价值一般是通过市场评估或者价值评估的方法，但这种方法只能对数据的价值进行局部评估，判断这一数据对市场本身的作用和潜在的市场价值，很难从全局方面对数据价值进行有效评估，为此，衡量移动社交媒体的数据自身价值仍然具有一定的缺陷。

第三，对数据的监管使用的体制、机制仍需进一步完善。当前针对移动社交媒体企业的数据监管缺乏统筹管理，特别是政府和行业机构无法对数据资源进行直接调度，缺乏第三方的协调管控。因此，如何在这一共享体系下进行数据的有效共享使用，对数据使用渠道进行扩充仍需要进一步深入研究。

第四，数据安全风险日益突出。特别是社交媒体企业在对相关的数据进行采集和使用过程中，总是超过必要的限定条件，数据的滥用、泄露等情况不时发生，严重威胁公民的隐私和财产安全。而建立在共享体系下的数据资产则与企业的商业秘密和生产安全密不可分，一旦泄露，则严重影响到企业的安全等。

针对移动社交媒体数据共享及其安全开放面临的主要问题，本书提出以下的具体对策建议：

第一，移动社交媒体企业应当明确数据产权边界和产权权利归属。一方面，针对不同类型的各种移动社交媒体数据，应当采用不同形式的数据存储形式和数据安全管理模式，分别针对静态数据和动态数据进行必要的数据安全管理；另一方面，在强调数据流动的前提下，企业应当有效利用移动社交媒体数据，通过必要的数据挖掘手段，获取静态数据的整体效益，从而不断激活数据价值。

第二，移动社交媒体企业需要明确构建合理有效的数据价值评估体系。这一评估体系需要构建多个维度指标，分别从不同行业、不同类别、属性等构建不同权重下多层次的数据要素价值评估体系，通过有效的综合模型评定方法，最后创建合理有效的数据安全环境。

第三，移动社交媒体企业需要进一步完善数据开放机制，确保移动社交媒体数据开放的有效性，明确社交媒体不开放数据、有限开放数据和公开开放数据的差异性。保证数据开放过程满足数据所有者、监管者、使用者等多方面的综合利益。

第四，政府、行业机构和移动社交媒体企业都需要进一步加强数据安全保护。通过构建完善的数据安全管理体系，对数据信息进行分级、分类管理。通过《数据安全法》《个人信息保护法》等法律法规进一步规范和引导平台数据的有效监管和利用，提升移动社交媒体市场竞争的合理性和有效性。

第三节 移动社交媒体典型案例

抖音是字节跳动旗下的一个短视频社交软件。该软件与 2016 年 9 月 20 日上线，是一个面向全年龄段的短视频社区平台。抖音 App 是一款典型的社交软件，用户可以通过抖音短视频 App 分享用户的生活，也可以结交不同的朋友。抖音的广告 2022 年已经覆盖了 8.85 亿用户。平均每天新增用户 65 万用户。而抖音的海外版 TikTok，截至 2021 年 1 月，在全球已经拥有 6.89 亿活跃用户，其中，全球 41% 的 TikTok 用户年龄在 16~24 岁。美国 58.8% 的 TikTok 使用者是女性。社交媒体是与消费者互动的最佳途径之一，通过社交媒体与用户的双向互动，企业能够有效地响应消费者的需求，从而精准地向目标消费者投放具体的产品广告和采用营销手段进行产品销售。如近年发展很快的 KOL 有营销，网红带货直播中也是通过移动社交媒体平台提升了传播的重要性。移动社交媒体体现的商业价值已经涵盖多个方面：第一，媒体价值。通过移动社交媒体，企业可以进一步提升产品品牌的影响力和亲和力，从而形成忠诚度很高的品牌社群，进而提升转化效果。第二，用户价值。针对移动社交媒体用户形成特殊的兴趣标签和行为标签，从而针对用户进行定向广告投放和定向营销。第三，场景价值。移动社交媒体数据中的地理位置属性和线下场景的结合，使企业可以进一步发展实体商业。第四，内容价值。移动社交媒体通过内容生成的方式，创造了大量的原创内容，从而为用户提供了高净值信息。第五，关系价值。移动社交媒体通过虚拟关系和实际人脉相结合，从而提升信息的匹配程度和使用效率。

一、移动社交媒体 TikTok 的核心指标

Tiktok 的关键是向用户推送具有一定内容的短视频，具有一定的分发机制，当某一账号发布了某条视频，Tiktok 就会根据该账号的具体权重和标签，给该账号分配一个基础流量池，如果流量池中的各个用户数据反馈良好，那么该视频就会推送到下一个级别的流量池。其关键的指标包括短视频的完播率、点赞率、转发率、评论率、关注比、用户停留时长等（见表 3-1）。这些数据都会影响短视频在 Tiktok 算法系统中的积分，平台根据用户的各种行为反馈动态调整视频的标签和权重等。

表 3-1　　　　　　移动社交媒体 Tiktok 的关键指标

指标	定义	更新频率
完播率	用户账户观看完视频的数量所占比例	长达 24 小时
关注比	用户关注某视频用户的数量所占比例	长达 24 小时
粉丝总数	用户账户在所选时段内拥有的关注者总数	长达 24 小时
互动总数	所选时段内频道视频的评论分享量	长达 24 小时
帖子总数	制定日期范围内账户的帖子总数	长达 6 小时
帖子触达率	已观看视频的唯一身份用户总数	长达 24 小时
最受欢迎的帖子	分析在制定日期范围内的热门和冷门品牌帖子	长达 6 小时
用户停留时长	用户观看视频的总时间	长达 24 小时
平均帖子互动率	视频的点赞、评论和分享量占已观看视频的唯一身份用户数量的百分比。计算方法是：（评论数 + 点赞数 + 分享次数）/视频观看次数	长达 6 小时

二、移动社交媒体微信和微博的特征对比

微信和微博分属于两种不同类型的移动社交媒体。其中,微信一般都是亲朋好友之间的交往互动,还可以通过语音视频、评论朋友圈和点赞朋友圈;微博更多的是粉丝和偶像的交际互动。特别是微博可以更多地用于商业宣传,包括商业产品的宣传、音乐产品的宣传、影视作品的宣传等,微博的涉及范围相比微信更加广,相比企业微信具有更多的社交宣传手段和宣传途径。两者的差别具体如表3-2所示。

表3-2　　　　　　　　　　微信和微博的特征对比

特征属性	微信	微博
用户来源	微信以外的其他推广	通过微博平台发放
人群属性	位置定向,精准识别,用户粘性高	兴趣关注,非精准性识别,用户粘性低
用户关系	以朋友圈的熟人关系形成关系网络	通过兴趣、爱好、行业属性等形成聚集关系
产品形态	多种信息传输沟通方式	快速信息表达、传播沟通
产品内容	分享日志等多种方式	140字或者配上图文链接
时间同步性	实时提醒,实时传播	通过热门搜索、微博等形成差时传播

从关联方式来看,微博的本质属于媒体。因此,用户之间的联系属于点对面的非对等的关系,故属于弱关系连接模式,其核心是通过网络构建了单向关注的弱关系复杂网络。而微信的本质是社交,用户之间的关系是点对点的对等强的关系,故属于强关系连接模式,其核心是通过熟人构建了双向互动的复杂网络。一般而言,弱关系更多的是通过信号传递者向信息接受者传递信息和知识,而强关系则属于以信任为基础的双向知识和情感的交流。

从联系的紧密程度来看,微博属于典型的陌生人群体,让所有陌生人都能看到相关的信息。而微信则属于具备开放性的封闭性群体,可以将陌生人加入封闭性群体中,因而微信既具有私密性也具有公共性。

从信息的传播方式来看,微博更多的是通过意见领袖主导的病毒式扩散方式,通过中心节点向外进行信息的扩散,使信息不断进行裂变式传播。而微信更多的是熟人社交,通过熟人的信息交流进行扩散。

三、移动社交媒体企业数据指标

截至 2021 年 10 月，有 45.5 亿人活跃在社交媒体上，从数字营销 Hubsopt 对全球 1000 多名营销人士的调查来看，79% 的营销人员报告说他们在社交媒体上购买了付费广告。而根据 2022 年世界经济论坛数据显示，每个人平均在社交网络和社交信息上花费 2 小时 25 分钟。在当下新媒体时代，移动社交媒体的平台用户活跃度很高，移动社交媒体也展示了其独特的平台开发属性和用户习惯的变化。社交媒体平台的数据也在不断更新。社交媒体营销的目标在于营销中传递品牌信息、获得潜在用户、促进销售，尽可能地提升投资的回报率。因此，对营销活动进行量化和分析成为社交媒体营销的重点。典型的移动社交媒体渠道可以分为四个阶段：第一个阶段，兴趣阶段。在这一阶段，移动社交媒体企业利用平台吸引用户的关注，增强了用户对社交媒体本身的兴趣。因此，这部分的指标显示了现有的和潜在的受众。这一时期的主要指标是品牌知名度，即企业在所有社交媒体平台上获得的关注量。第二个阶段，参与阶段。这一阶段，移动社交媒体需要用户参与到社交媒体的信息分享、内容生成等活动，这部分的指标显示粉丝如何与媒体互动。这一阶段主要的指标是转化率，即受众在点击链接后持续购买的行为。第三个阶段，转化阶段。这一阶段，移动社交媒体需要用户将移动社交媒体活动转换为商业活动，因此，这个阶段主要表明社交是否有效。第四个阶段，反馈阶段。这一阶段，移动社交媒体需要用户反馈收到的相关信息并转化为具体的业务。因此，这个阶段指标表明活跃客户对客户品牌和业务的反馈。这一阶段主要是通过客户满意度来衡量的，即反映客户对产品和服务究竟有多满意的一个重要指标。

（一）移动社交媒体数据开放指标存在的问题

1. 数据指标不系统

很多移动社交媒体企业缺少体系化的数据指标进行有效监控。因此，企业更关注结果性数据，包括浏览量、下载量和新增用户等指标，而忽略了过程性数据，包括在线时长、活跃用户数、活跃率等指标。当社交业务结果异常时，企业往往很难快速定位数据产生异常的具体原因。

2. 数据采集流程较长

传统对移动社交媒体数据的采集流程冗长,企业需要对数据的真实性和完整性进行判断。针对数据的真实性主要是通过数据来源和数据细节进行分析;对于数据完整性主要是检查数据记录和字段是否完整。由于新媒体数据收集往往是从新媒体账号后台直接获取数据,由于 IP 地址隐藏等,很容易出现遗留和不全面的情况。故可以通过第三方一起获取相关数据。

3. 数据展示成本较高

第三方数据可视化工具采购费用高,导致系统接入和操作使用复杂。用户在进行分析数据时需要对数据处理引擎以及图表渲染进行分析整合,对数据应用的相关人员以及底层数据获取方式提出了更高的要求,直接或间接地提高了数据展示成本。

4. 数据分析不专业

如何从移动社交媒体海量数据中挖掘出相应的业务问题,找到业务增长点成为企业的困扰。很多业务人员受限于数据分析相关知识体系无法通过数据分析手段获得有关的结果。而某些数据运营人员受限于数据分析相关技能、业务场景特点,或者错误选取模型等因素导致无法解决移动社交媒体的运营难题。可见,移动社交媒体企业只有通过有效的数据挖掘和商务分析,才能解决关键问题(见图 3-13)。

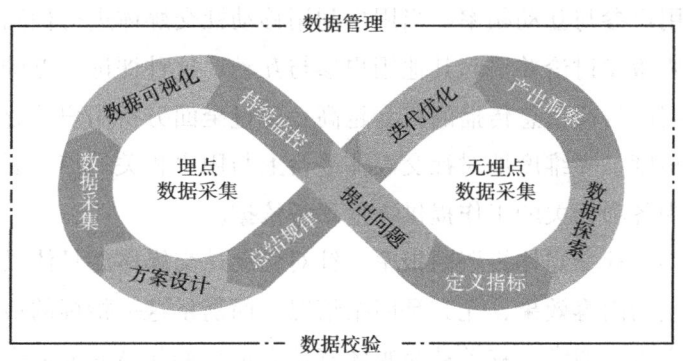

图 3-13　企业数据监管平台效用

（二）移动社交媒体监测的分析指标

社交媒体监测的含义是指对社交媒体本身进行监督管理，指运用相关工具来收集网络上的无数个对话，以了解特定品牌、单位、企业、问题、事件、人员或产品等的相关评论。它不仅涉及社交网络，还包括论坛、博客、新闻网站、社区以及在网络上进行对话的可滋生舆论舆情的任何一个网络角落。通过移动社交媒体检测可以帮助企业在不同的平台上的相关业务，如客户情绪、用户需求、供应链信息等内容。此外，还可以了解用户对品牌的偏好信息、实时了解竞争对手的动态等数据。利用相关数据有效评估企业在社交媒体品牌传播效果以及公关效果等。具体包括以下指标：

第一，社交媒体的触及率。在进行移动社交媒体营销过程中，相关的传播内容在社交媒体传播中有多少用户看到，并对传播的产品感兴趣。这一指标能够有效帮助用户实时了解各大移动社交媒体平台关于自身的形象、网络口碑和风评等。

第二，用户的情绪指数。当投放媒体营销广告时，可以根据移动社交媒体用户的情绪指数，了解到哪些话题是正面的，哪些话题是负面的。如果社交媒体显示该话题是负面的话题，就需要及时对相关的问题作出改进；如果是正面的，说明相关的营销策略是成功的。通过智能语义识别功能，帮助用户自动识别各大媒体平台上与自身相关的负面、敏感等重大信息，并支持同步危机预警。

第三，用户参与互动频率。当用户利用移动社交媒体进行检测分析时，用户的内容需要激发讨论并引起其他用户参与互动，这种评论、点赞或分享的次数越多，说明广告或信息传播的机会越高。通过全面分析用户的分享行为，可帮助用户多角度、多维度地对社交媒体平台上与用户相关的信息展开全面综合分析，从而为各项相关的工作提供决策参考依据。

第四，移动社交媒体投资回报率。针对移动社交媒体的具体投资，了解相关投资所产生的内容效果，尤其是回报情况。而衡量这一指标的最有效的方法是通过付费广告。通常，移动社交媒体营销人员会制作 Adwords 广告系列对重要的搜索词进行排名。该活动推动了点击、流量和潜在客户，但最终广告支出超过了广告的影响，这对社交媒体投资回报率就是坏消息。

四、移动社交媒体软件典型指标对比

衡量移动社交媒体软件时需要考虑移动社交软件的用途。除了单纯的用途外，还必须了解用户的年龄段、使用频率、实践和方式等。此外，通过对受众群体进行特征分析，可以估测出不同受众群体的使用情况，预测模型的转换。

1. 社交软件的留存率

移动社交软件留存率显示了用户在安装一段时间后是否还保留，体现了该软件的真正使用状况。这一指标反映了如何让用户更有粘性，更具有吸引力。特别是用户加载/登录时间需要短，社交软件 App 简单形象化等都会提升社交软件的留存率。

2. 移动社交软件 App 的用户活跃度

活跃用户指的是经常使用移动社交软件并且在线的用户。其中，月度活跃用户和日活跃用户都是关键指标，这一指标反映了用户的使用和留存情况。这就需要了解这类人群的特质以及用户如何使用该软件，并对用户的喜好等要素进行周期性数据分析，根据标签、数据、用户的生命周期制订方案，创造出更受用户欢迎的社交 App 应用，并且把更多的客户转化为活跃客户。

3. 移动社交软件的用户体验

让用户使用移动社交媒体软件以后，这就需要对用户的需求以及产品的功能进行有效的衡量。一方面，对用户的产品使用行为进行设计，保障用户操作流程上保持一致性；另一方面，移动社交软件既要符合产品的定位，也要迎合不同目标用户的喜好，让产品充分显示出移动情境，并获得较高的价值，使用户能够提升其价值。

总之，企业可以利用移动社交媒体对用户进行广告和相关信息的精准投放，找到目标用户，根据用户所关注的旅行、体育、娱乐等系列数据，寻找相关标签下的"意见领袖"，让这些"意见领袖"通过内容提升用户的活跃性和积极性。在整个过程中契合实时热点，确保生成的内容新鲜、有趣富有吸引力，并且通过挖掘社交媒体亮点，尽可能多地吸引相关用户，提升用户的活跃度，推动用户对相关内容的传播。

第四章 大数据时代下的移动社交媒体隐私风险

数字时代移动社交媒体环境下的隐私意味着庞大的用户数据，而从用户的角度，隐私信息需要有效的保护和控制，不能轻易被知晓。数据保护成为当前移动社交媒体保护隐私信息的最有效的核心。其中，早在2000年《欧盟基本权利宪章》就提出了个人数据的保护权问题。提出这一数据保护权是"个人拥有保护与之匹配的相关数据的权利"。其具体内容包括：（1）信息提供和保护机制；（2）信息告知与接触权利；（3）数据的携带权；（4）数据的防修改权限；（5）个人数据保护的条件和形式。从数据获取方式来说，企业获得用户的相关行为数据的主要方法包括：企业可以通过用户的网上行为数据追踪用户自身的Cookies。Cookies是存在于网络服务器用户浏览器上的一个文件夹，企业通过分析这些数据，能够对用户的网络行为进行数据收集、分析和处理。一方面，这些网络行为数据能够被企业精准获取，从而帮助移动社交媒体企业针对目标用户实现精准营销；另一方面，这些数据也有可能被移动社交媒体企业出售给第三方，从而获得其他相关的数据收益。特别是在大数据时代，企业能通过数据挖掘、数据关联分析等多种技术和手段，利用这些数据精准地绘制出用户的个人相关信息。

从技术的角度，最新的VR（虚拟现实）技术能够通过行为人的视角直接进行信息获取，甚至能够直接获得消费者的身体健康数据和未来的购买决策等。这种全面和深度的用户个人信息收集方式，客观上进一步加深了社交媒体数据泄露的潜在风险。近年来，随着人工智能（Ai）识别技术的进一步发展，生物特征识别技术水平进一步加强，针对人脸的识别更加准确。移动社交媒体企业或者第三方企业等可以对用户的生物特征实现精准识别，这使围绕社交媒体所产生的数据所创造的经济利益十分巨大。而这种对面部信息的过分收集，尤其是非注册用户的面部信息的收集本身就可能涉及隐私风险。特别是在智能手机时代，很多用户的开机或者相关的财务信息等都是通过面部识别，而黑客就有可能通过窃取人脸识别技术信息获得个人隐私信息。

从当前数据的管理方式来看，单纯的隐私权限政策、Cookies 使用政策的连接等都无法有效保护消费者的隐私。从数据和隐私本质内容来看，个人数据和个人隐私的区别在于：首先，个人数据不涉及个人隐私，如公开数据和非敏感数据，这些数据一般向所有用户开放，有助于向所有用户提供必要的信息服务；其次，法律对个人数据的保护，是对满足条件的个人数据的全面保护，并非只保护个人的隐私；最后，个人数据保护和隐私保护的立法目的不同。隐私权属于人格权的一种，属于基本民事权利。而个人数据保护则是关于数据的收集和利用等方面的具体行为规范。因此，一方面，个人数据保护法不可能覆盖用户所有隐私权利；另一方面，隐私权注重的是个人隐私保护，其目的不仅保护数据主体的权利，还需要平衡数据主体保护和利用数据之间的关系。

第一节 移动社交网络服务的基本架构和隐私保护

移动社交网络的本质是提供一个在人群中分享兴趣、爱好、生活状态和行为活动等信息的在线网络平台，通过基于互联网的社交网络对人类社会活动的方式和行为效率产生了深远的影响。1967 年，哈佛大学心理学教授 Stanley Milgram 通过邮寄信件实验发现，世界上平均只需要六个人就可以联系任何两个互不相识的人，由此提出了著名的"六度分隔"理论。这一理论也被认为是小世界网络效应。即，如果网络中的任意两点之间的平均距离 L 随网络格数 N 的增加呈现对数增长，且网络的局部结构上仍然具有较为明显的集团化特征，则该网络具有小世界效应。1999 年，美国复杂网络科学家 Barabasi 和 Albert 提出，许多复杂网络都均有无标度特性。移动社交媒体形成了一个庞大的社交网络，大多数用户具有的社交网络关系较少，而极少数用户拥有大量的社交网络关系。社区是网络中具有相似属性的节点集合。社区内部关系较为紧密，而社区之间的节点关系则较为稀疏。在社交媒体形成的复杂网络中一般存在两种类型的社团结构：第一种是层次结构，即网络中较大的社区包含较小的社区，小社区中可能包含更小的社区。各个社区结构较多采用层次聚焦的方法,根据网络图中节点的距离或者相似度进行聚类,最终网络形成一个完整的树状图。第一种是无标度网络,即,网络中存在一定数量的节点含有少量边,少数节点有大量边的特点,其网络缺乏一个统一的衡量尺度而呈现出异质性。

一、移动社交媒体形成的网络拓扑分析方法

移动社交网络各个连接点有三种分析联系强度的方法:方法一是从网络拓扑进行分析,即通过移除某些连接点之间的相互连接以后,看看各连接点之间是否有更"绕"一些的选择,比较边两端的节点之间的最短距离越长,则这个边越脆弱,这条边越像桥;方法二是从用户特点进行分析,根据不同用户的属性、类型等进行关联分析;方法三是从用户行为进行分析,用户通过自身的行为和周边的节点建立联系,形成社区。社区是用户网络交流的一个小区域,这一区域是通过一个共同的关注点让一群原本陌生的人遵循一定的机制进行连接,连接的属性包括地域、时间、话题、兴趣等维度进行聚集。而以移动社交媒体为基础的社交网络,构成的联系更加复杂,可能存在多个不同的社区。特别是移动社交媒体形成的网络社区之间并非彼此独立,相反,网络社区之间相互关联,彼此重叠,社区之间存在重叠的节点。这里,社区的重叠结构指的是社区中每一个节点并非只单单属于某一个独立的社区,相反,是存在某些节点可能属于多个社区,如不同的兴趣小组。显然,这种社区既呈现层次结构也呈现重叠结构。通过理解网络社区层次结构,可以深入理解不同尺度下网络结构和网络结构之间的关系。当前,社区层次结构一般往往通过层次聚类的方法,根据网络图中节点之间的距离或者相似度进行聚类,将整个网络结构构建成一棵树状图。每个节点是树状图中的叶子,然后通过连接形成树状图,组成一个完整的网络。

针对社区进行结构评价时一般采用层次聚类算法,往往需要先构成网络的层次树状图,每一层次对应网络的一个划分。如何从树状图中获得最优的社区划分,就需要一个有效的度量标准。本书认为社区的度量标准可以用模块水平来衡量。所谓模块水平,是指在一个社区内部的节点的边在该网络中所占的比例期望值和在保持网络节点社团属性不变的情况下,边根据节点的度随机链接时,社团内部节点的边占该网络全部边的比例期望值的比值。根据这一定义,社

区结构划分得越好，该比值越大，通常用 Q 函数定量描述社区划分的模块水平。

为此，本书建立社区边的真实比例期望值与节点随机连接时的边的比例期望值比值作为目标函数：

$$Q = \frac{1}{2n}\sum_{ij}\left[A_{ij} - \frac{k_i \times k_j}{2n}\right]\delta(C_i, C_j) \tag{4-1}$$

其中，n 表示边数，k_i 和 k_j 为节点 v_i 和 v_j 的度，它们中间有边的可能性为 $\frac{k_i \times k_j}{2n}$，若有边 $A_{ij} = 1$，否则等于 0。C_i、C_j 分别是 v_i 和 v_j 所属的社区。当 $C_i = C_j$ 时，$\delta(C_i, C_j) = 1$，否则等于 0。Q 的取值范围是 [-0.5, 1)，值越大，社区划分也越准确。

根据上述模型，在相邻两个时间内，网络节点和节点之间的连接边往往具有可变性。这一类网络节点的状态和拓扑结构都是动态演化的，节点的状态和网络的拓扑结构也是相互影响的，且系统在整体层面上会展示出各种各样的集体行为。

二、社交网络隐私产生的原因和背景

在社交网络活动中，一方面，用户热衷于通过社交互动分享从而维系一定的网络关系；另一方面，用户也希望对个人社交隐私进行有效的管理，确保个人网络隐私存在一定的空间维系。可见，社交网络隐私往往以用户为导向，通过网络媒介使用户的信息能够让其他人或者群体能够可见。为了区分不同社交网络的连接强度，如针对熟人群体保持"强关系"，针对陌生人群体保持"弱关系"，往往需要利用社交网络进行必要的隐私设置，排除不相关的陌生人，从而实现对隐私的管理和把控。为此，移动社交媒体企业在隐私设置上往往附上免责声明，这些声明使社交媒体用户即使其隐私受到侵害，但根据已签订的隐私政策向社交媒体企业进行起诉的难度增加。移动社交媒体在进行隐私设置上往往设定了大量专业词汇，这些专业术语起到一定的风险屏障作用，从而减少企业风险。一旦出现隐私泄露等风险后，注册用户实际上难以真正了解相关的风险。此外，移动社交媒体企业在设定隐私政策时往往采取动态的设定策略，有时相关网站对隐私政策的调整并未向所有用户准确告之，使用户难以对隐私政策的变更予以了解。此外，大部分网站的隐私政策缺乏第三方以对相关政策进行监管，客观上使政策的有效性难以获得衡量。

（一）隐私风险产生的原因

移动社交媒体的本质是用户通过相互连接形成"强关系"或者"弱关系"的边，通过边形成庞大的社交网络。网络中的连接是以兴趣、属性差异等关系形成必要的连接。特别是"强关系"连接往往需要用户间连接时进行信息交流和共享，而这种数据共享就可能与庞大的网络结构产生矛盾。一方面，由于网络的传播性，移动社交媒体用户既是信息源，又是信息传播者，在通过网络传播信息的过程中，随着网络边界的不断扩大，网络信息传播的节点数目不断增强，信息的扩散范围和扩散能力也不断增强，这使网络隐私泄露的风险进一步增强；另一方面，由于网络的虚拟性，当用户和一些组织机构能够通过信息传播、贩卖他人隐私等手段获得一定的收益，客观上助推了这种隐私泄露风险。

特别是在大数据时代，围绕移动社交媒体形成的跨境电商服务进一步加强，跨境电商服务对应的数据跨境流动进一步加快，客观上对信息安全防护提出了更高的要求。然而，我国目前尚未制定对跨境数据流动问题的制度，一旦所使用的信息系统或信息安全产品防护能力不够强，客观上就可能给黑客等攻击者造成窃取用户隐私的机会。另外，由于移动社交媒体往往利用第三方平台作为商品或服务的交易平台，而这些平台在商品交易过程中也可能造成数据泄露风险。以阿里巴巴为例，由于阿里巴巴的主要控股人都是外资，阿里巴巴掌握了淘宝平台海量的订货和发货大数据，几乎所有厂商、厂家和购买人的详细经济信息以及重要金融端口。相关的信息包括客户姓名、住址、身份证号、银行卡以及水电费编码、购买和销售信息等都可以直接获得，这些数据一旦获取，就可能直接掌握我国主要商品的产销和国民经济情况。

（二）隐私风险与数据交互关系

1. 企业定向营销的需要以及数据交互带来的风险

通过精准获得消费者的各项信息包括职业、收入、家庭信息等，企业能够针对目标客户提供精准化的营销推送。特别是用户的相关浏览信息记录、产品偏好或者网络历史消费情况数据可以用来进行有效的关联分析，根据相关的关联信息对消费者的潜在需求进行预测，从而向目标客户精准提供定向广告。而在提供定向广告的过程中，有可能对消费者的个人信息进行泄露。

特别是随着定向技术的发展，在数据交互过程中，企业或第三方获得消费者信息的技术越来越多，如用户个人位置信息、个人行动轨迹、面部信息等。通过搜索这些信息，企业或者第三方能够精准获得相关的共享数据，并且将这些信息进行关联分析。而一旦这些相关的用户信息被有所图的人获取，用户则可能受到隐私泄露的困扰和伤害。此外，大数据的广泛应用也可能造成数据生成者的隐私信息泄露，从而降低对这些企业和机构的信任。

2. 用户自我展示和隐私悖论

个人隐私风险产生的重要原因在于消费者对自身网络安全的认识不足。自我披露（Self-disclosure）是移动社交媒体用户自身在使用平台时产生的客观泄露。例如，自我披露相关的情感、位置、偏好等，这些信息能够被第三方直接获得。然而，这种披露却是必不可少的。用户通过披露才能有效建立社交网络，从而更好地交流。但是，现实中最大的隐私风险和悖论在于（见图4-1）：第一，移动社交媒体用户不知道究竟应该披露多少信息比较合理；第二，用户无法衡量这一信息披露带来的信息传播速度、深度和范围情况。

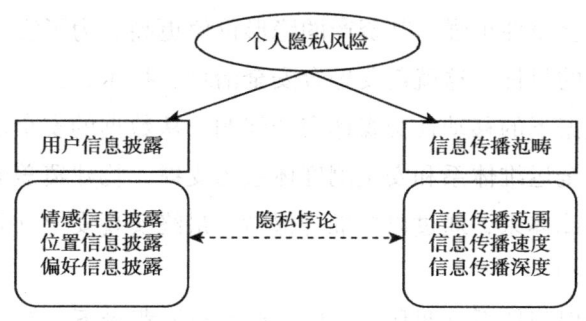

图4-1 个人隐私风险悖论示意图

此外，隐私权法对于用户隐私的保障、隐私信息的社会监管等仍存在相关的滞后性，客观上使社会尤其是移动社交媒体企业对消费者的隐私保护难以达到预期的期望。虽然，我国与隐私相关的隐私法案等已经明确了移动社交媒体用户主体的主要权利,如要求企业或第三方进行用户信息公开时需要经过个人的同意,才能够对用户的相关信息进行更新和修正。相关的法律法规规定了行政机构的主要义务,包括当利用第三方信息时,应当进行有效的发布并且告知信息主体本人。但是在实践过程中,由于缺少独立的第三方机构对隐私信息保护进行有效的监督,其适用范围也是相对有限的。

三、数据安全技术与隐私保护

当前,企业的数据安全技术随着移动互联网、云计算、智能技术的提高而提升。各种新型的数据安全技术包括DSM文档透明加密技术、DSA数据安全隔离技术以及DLP数据泄露防护等技术也取得了实质性的进展。这一类技术的特点都是以数据安全为直接目标,防止各种数据泄露和扩散。从数据本质来看,数据和内容密不可分,DSM文档透明加密技术往往针对文档类数据进行加密;DSA数据安全技术能够通过存储隔离、网络隔离、外设隔离和应用隔离等技术手段,在终端中隔离出数据安全区域,保护各类敏感数据安全,避免损坏数据;DLP数据泄露防护往往根据数据类型选择对应模块,采用加密、隔离以及敏感内容识别等技术,防止各类敏感性数据泄露和扩散,能够显著降低数据管理风险。

在大数据时代,数据的资产属性更加明显,与传统数据资产相比,移动社交媒体数据的社会属性更强,其资产的隐形价值更高。为了实现对移动社交媒体数据安全保护的目标,这就需要融合安全治理、技术、标准、运维和测评等来系统解决大数据下的移动社交媒体安全问题。从数据的安全治理出发,以安全技术体系、安全运维体系和安全测度体系为支撑,构建覆盖流程、策略、制度等多种评价保障体系,通过以标准为保障,最终实现安全互联协同,从而达到多维立体的保护。

根据该安全保障体系(见图4-2)。在大数据背景下,首先,要构建完善的大数据安全治理体系,确保大数据"合法合规"的安全流转,保障移动社交媒体大数据在整体安全的情况下,支撑移动社交媒体企业的相关业务目标,而在构建安全体系治理过程中要行使数据的安全管理、运行监管和效能评估的智能;其次,要考虑移动社交媒体下大数据的安全测评,确保相关移动社交媒体数据的安全策略、安全产品和安全技术的有效性和性能等,确保所有使用的安全防护手段能够满足大数据中主要参与者安全防护的需求;最后,强调以安全运维为技术框架,确保大数据系统平台能够安全持续稳定可靠运行,从而在大数据系统运行过程中行使资源调配、系统升级、性能优化和安全管控等职能,而移动社交媒体治理体系也应当在技术层面安全应用的基础上,确保相关的数据保密性、完整性和安全性。

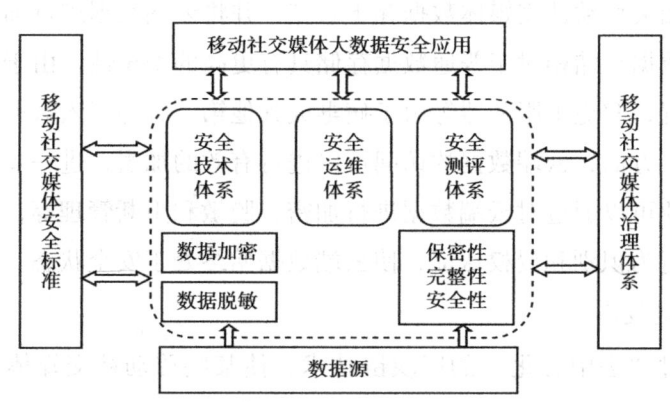

图4-2 移动社交媒体安全保障框架

(一)数据安全保护技术

数据安全保护技术主要包括基于匿名化的隐私保护技术。首先,企业通过技术手段限制发布即有选择地发布原始数据、不发布或者发布精度较低的敏感数据从而实现对相关用户数据的隐私保护。其次,企业通过数据加密技术对相关的数据进行加密,提升数据的保密性。其具体包括:一是企业加强静态数据的保密工作,确保数据在存储过程中不产生泄密;二是企业加强动态数据的保密工作,即防止动态数据产生失真或泄露等现象。从数据安全的角度,企业需要通过数据具体的加密算法和动态数据加密机制从而保护相关数据的安全。此外,企业可以利用多种先进的数据安全保护技术包括数字身份认证技术、云端数据保护技术、区块链技术以及机器学习技术等保护数据的安全。

1. 数字身份认证技术

这一认证技术的关键是以数字技术为基础,通过多种因素认证如密码、口令、符号、表情等进行用户个人识别，此外，基于传感器的生物识别技术等大规模生物识别技术等也广泛应用于数字身份认证，逐步解决传统口令认证的弊端。这一技术使身份认证的过程更加专业，防止了相关信息的篡改和利用，在一定程度上保证了数据的安全性，如近年来出现的差分隐私技术就成为一种新的语义隐私保护技术。

2. 云端数据保护

企业将相关移动社交媒体数据存于云端，并将云端数据进行加密保护。一方面，云端数据存储相对于普通数据存储具有更高的安全性。由于云服务器处于不同的位置，避免了服务器等由于病毒或其他第三方等侵入数据库造成数据的泄露；另一方面，云端数据的访问可以进行有效的加密，进一步提升数据的安全性。企业可以通过对云端数据进行加密、脱敏和阻断管理等，有效避免用户云访问的行为识别和授权认证，使云端数据始终处于安全状态。

3. 区块链技术

企业通过"去中心化"的区块链技术，使某些移动社交媒体核心数据的中心化予以去除，通过分布式存储有效降低了数据集中化的风险，从而保证了系统的可持续性服务。此外，用户可以在区块链上保存文档或者对文档进行加密签名，而用户可以通过跨网络中所有节点的分类账交叉检查文件签名，验证是否区块链并未遭到更改，从而有效抵御外部集中式数据共享等。

4. 机器学习技术

机器学习是人工智能的核心，主要任务是使机器模仿人类的学习，从而有效获得知识。企业通过机器学习技术的广泛应用，包括数据样本学习、敏感数据探查、漏洞扫描等，使数据安全防护在处理海量数据和复杂多变的安全威胁时更具有优势。一方面，企业通过数据安全技术手段建立数据安全体系，整合多部门的数据管理职能，鉴定行业数据和用户信息保护监控管理平台，通过监控管理平台，开展数据和用户信息安全预警监测工作，从而对数据和用户信息安全问题进行监控；另一方面，企业可以构建应急数据风险机制。特别是通过数据安全抽查制度，实行不定期抽查，评估企业用户信息保护和数据安全保护措施和能力。建立应急处理和追溯惩罚机制，一旦发生用户信息泄露等数据安全事件，必须按照相应的流程对责任方进行惩罚措施，从而尽量减少信息泄露带来的负面影响。

(二) 隐私保护的治理框架

隐私保护的治理范畴主要包括隐私治理、风险管理与合规，通过解决不确定性以及数据安全，保障企业可靠的实现目标的能力集合，是一种企业风险治理的框架模型。其中，隐私治理的主要工作包括建立隐私边界、隐私权责划分、隐私政策的制定和流程管控、数据绩效监管等。隐私风险管理主要包括隐私风险的分类、隐私风险的评估方法、隐私风险的处理以及隐私风险的报告机制。隐私合规主要包括各种隐私风险的文档化、评估控制点的有效性。

当企业对用户数据进行有效使用时，就需要借鉴数据安全管理的相关做法以及合规要求，构建完善的隐私保护管理体系。其中，用户隐私的保护需要确定隐私信息应用到一定的流程包括数据监管流程、选择性披露流程、私密计算流程等。数据监管流程的关键是确定用户的相关信息透明可信；选择性披露流程的关键是确定相关的数据易用、可控；私密计算流程的关键是确定系统集成友好。在此基础上，隐私信息要避免体现身份详情、防止推算出资产清单和行为画像。用户的隐私策略包括将用户分层分组、授权使用、防止画像。而隐私技术的关键是通过各种加密技术对相关数据进行加密，包括对称加密、非对称加密、同态加密、属性加密等。此外，还可以使用各类签名技术，保证数据的安全性，包括 RSA 签名、群签名、多方签名等。另外，从管理的角度，可以使用密文格式证明、数据集合证明、权限控制、私钥管理等各种方式（见图 4-3）。

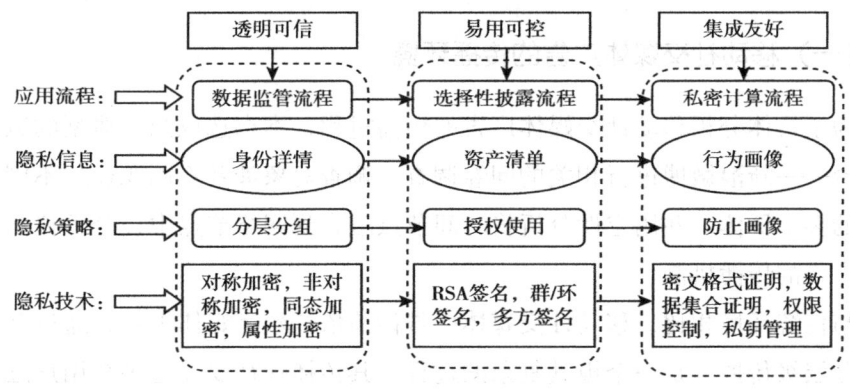

图 4-3 隐私保护治理框架

第二节　移动社交媒体信息传播模式

移动社交媒体的快速发展使用户信息传播行为和传播过程变得更加复杂：第一，通过移动社交媒体，用户可以有效获取相关的信息，能够自主选择信息并能进行相应的内容生产，从而形成新的内容。第二，用户的相关信息获取随着传播过程的增加以及传播路径的增长，传播的内容呈现无规律的递增模式。第三，移动社交媒体的信息传播具有典型的互动性和多媒体融合性，不同传播点的传播行为具有较大的行为差异，即传播个体的差异性较为显著。特别是，随着数字技术的发展，企业运用数字技术能够准确捕获用户的网络浏览痕迹并得出偏好信息，从而针对个体用户兴趣，精准推送符合用户兴趣喜好、消费习惯以及贴近用户地理位置的信息，从而增强了信息传播的针对性和有效性。而移动社交媒体信息的传播形成了一种典型的"差序格局"，即以用户个体为核心，随着中心节点的差距，从而形成一定的"差序"。此外，移动社交媒体在传播过程中体现了典型的社会认同建构，即信号传播的对象或成员拥有的信仰、价值和行动去向呈现了典型的社会性。通过信息传播，个人在群体中建构出符合自己身份的定位，从而在心理上获得群体的支持和情感的归属。

一、移动社交媒体广告的传播生态分析

（一）移动社交媒体广告的传播环境

为了具体分析移动社交媒体广告的传播过程，本章选取当前典型的数字媒体平台——新浪微博进行相关的问卷调查。调查对象涉及不同职业、不同年龄阶段的多个群体，并用定性分析将时间节点融合到网络节点中，分析移动社交媒体广告的传播机制。

与传统环境相比，移动社交媒体广告传播依托数字媒体平台，通过互联网进行分层级传播，是一个极其复杂的过程。其传播往往要经过多个用户逐次进行初始传播和信息的再传播。然后这些用户分别作为初始传播者、1级传播

者、2级传播者直至 n 级传播者,将该移动社交媒体广告依次向下一层级进行传播,形成一条复杂的信息传播"链"。基于该信息链式的传播过程,本章提出了一个多层次的贝叶斯网络模型,其网络拓扑结构如图 4-4 所示。把网络中的数字媒体平台作为信息的输入节点,成为网络根节点 G_0,再根据系统拓扑结构把中间节点逐层展开:首先广告信号通过网络传到用户1处,该节点成为子节点 G_1,然后通过用户1的转发向下一层次的用户 1_2 进行传播,并最终向用户 1_n 传播,在这一过程中,传播信号都经过每个节点的加工,即评论和转发等向下一个层次传递,即以该节点不断生成子节点 G_2,…,G_n,称其为叶节点集。

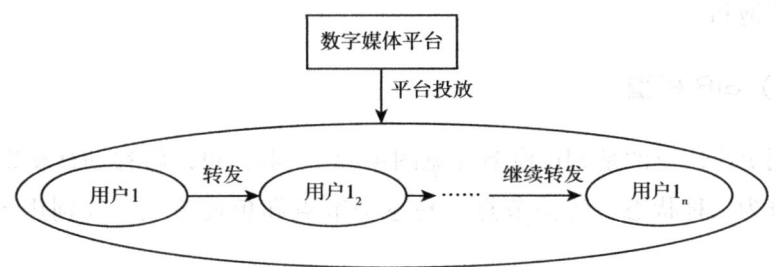

图 4-4 移动社交媒体信息传播级联模型示意图

从该传播模型可知,移动社交媒体广告传播是以数字媒体平台为中心,经过多个传播节点及其相互间的传播连接所形成的一种无限扩散的链状结构。其主要包括发送节点、接收节点和传播路径三个关键因素组成。随着传播链的相互链接、叠加最终形成一个复杂的、非线性的庞大传播网络。

(二) SIR 模型

经典的传播模型主要有 SI、SIS、SIR 模型,其中,一般将人群分为三类,即三种状态:传播态,一般用 S 表示;易感染态,一般用 I 表示;免疫态,一般用 R 表示。S 态主要描述该节点具有信息,从而能够传播信息,当易感染节点和 S 态节点接触就会以某一概率使对方成为传播态;I 表示该节点具有信息传播的能力,只要接触 S 态所带的信息,就容易将信息传递给其他的节点,使信息开始进行传递;R 表示经过一个或多个感染周期后,该个体永远不能被感染,具有信息免疫的能力,从而使信息传递停止。

考虑 SI 模型，这一模型是最为简单的信息传播模型。其主要原理是：在网络中一旦个体被感染，被永远成为感染状态，难以恢复健康，从而不间断地向邻居节点传播信息等。假设网络中节点总数为 M，各个节点有 α 的概率受到感染，在各状态均匀混合网络中，构建传播模型如下：

$$\begin{cases} \dfrac{dS}{dt} = -\alpha \dfrac{SI}{M} \\ \dfrac{dI}{dt} = \alpha \dfrac{SI}{M} \end{cases} \quad (4-2)$$

根据这一理论模型，模型中绝大部分的节点为易感染状态 I，任何一个传播状态 S 节点就会遇到易感染节点，并继续传播，最终使网络中传播节点 S 的数量趋于饱和。

（三）SIR 模型

应用更为广泛的是 SIR 模型（见图 4-5）。我们可以将移动社交媒体信息的传播分为三种状态：传播节点、易感染节点和免疫节点，分别用 S、I、R 表示。

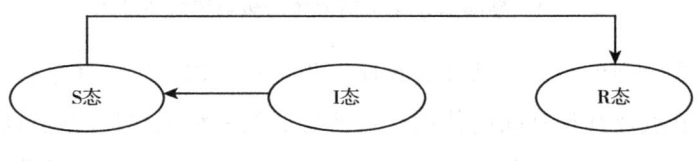

图 4-5　SIR 模型示意图

假设每个人可以令 λs(t) 个健康者变为感染者，设感染者（信息获得者）用 Mi(t) 表示，则每天有 λMs(t)i(t) 个健康者变为感染者。

但 SIR 还要考虑治愈的感染者，故在单位时间 Δt 内，新增的感染者 = 现有的感染者 - 原有的感染者：

$$M[(i+\Delta t)-i] = \lambda s(t)i(t) - \mu Mi(t) \quad (4-3)$$

则单位时间 Δt 内，感染率可以表示为：

$$\dfrac{di}{dt} = \lambda si - \mu si \quad (4-4)$$

而对于 S，感染后的人具有免疫力而不再是易感染者，且 s 的总人数是减

少的,故可以知道:

$$M[(s+\Delta t)-s] = [-\lambda s(t)i(t) - \mu Mi(t)] + \mu Mi(t) \qquad (4-5)$$

则单位时间 Δt 内,感染率可以表示为:

$$\frac{ds}{dt} = -\lambda si \qquad (4-6)$$

$$i(0) = i_0, s(0) = s_0 \qquad (4-7)$$

运用 Matlab 进行仿真:

```
function  y = covid(t,x)   % 因为我们的微分方程是 X 关于 t 的变化率的体现
a = 1;       % 感染率 miu 的参数配置
b = 0.5;     % 治愈率 lamda 的参数配置
y = [a*x(1)*x(2) - b*x(1); -a*x(1)*x(2)];
end
```

主函数

```
ts = 0:40;
x0 = [0.01,0.99];
[t,x] = ode45(@ill,ts,x0);
r = 1 - x(:,1) - x(:,2);
plot(t,x(:,1),t,x(:,2),ts,r),grid
legend('i(t)','s(t)','r(t)')
```

运行结果

(四) SIS 模型

区别于 SIR 模型,SIS 模型主要在于节点在变为传播态之后又会以一定的概率转换为其他状态,其在最后转化会有不同。在 SIR 模型中,传播态节点在传播过程中会有一部分感染者以一定的概率变成免疫状态,而在 SIS 模型中,每个传播节点会以一定概率成为易感染节点(见图 4-6)。

$$\begin{cases} \dfrac{dS}{dt} = \alpha i - \beta si \\ \dfrac{dI}{dt} = \beta si - \alpha i \end{cases} \qquad (4-8)$$

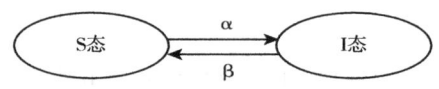

图 4-6 SIS 模型示意图

利用 SIR 模型，SIS 模型能够有效理解和认识社交网络的形成和演化，对识别信息的传播规律，预测用户的行为模型具有十分重要的现实意义。在移动社交网络中，一种典型的应用服务就是微博、BBS 等，既可以进行移动终端的信息获取和传递，又能基于 PC 端进行信息的交流和分享。因此，在构建信息传播模型中，可以将传染病理论和复杂网络的知识一起运用于信息传播模型。

二、移动社交媒体广告的系统生态传播特征分析

1935 年，A. G. Tansley 提出了"生态系统"这一概念，从而对存在于自然中的物质和相关的能量流通等形式予以描述。自 20 世纪 60 年代以来，Neil Postman 和 David Altheide 等从生态学视角研究传播学的相关问题，并通过分析宏观、微观隐私及其生态关系从而系统研究传播过程。而在传播生态系统相关研究中，为了更好地理解相关的传播现象和有关传播规律，将"生态系统的存在状态"融入传播学研究中，通过分析相关的层次性和结构性的传播活动，可以更深刻地理解当前移动社交媒体广告的传播活动。首先，移动社交媒体广告的传播生态系统是通过数字媒体平台进行传播的，其信息的流向往往受到社会传播环境的影响，如经济、文化等多重因素影响；其次，移动社交媒体广告传播生态系统主要包括平台生态系统、纵向用户子生态系统、横向用户子生态系统等生态因素，各个生态系统因素相互作用活跃于不同形式的传播活动中，通过构成多个类似的贝叶斯网络（见图 4-4），最终构成了一个庞大的生态系统网络（见图 4-7）。

（一）多元化的传播路径

在依托数字媒体平台形成的新传播生态环境下，各类传播媒介不断整合，综合运用多种媒体技术手段，从而使移动社交媒体广告的传播达到最优的视听效果。对于移动社交媒体广告而言，不仅融入了文本、音乐、配音等传统手

段，更多地通过交互媒介、flash 动画等表现品牌传播等，通过不同的信息交互方式和多元化的传播路径，使大众能通过互动选择更广泛的信息空间。

（二）故事化的传播形式

在新传播生态环境下，移动社交媒体广告更紧紧围绕用户的体验和潜在需求，通过向大众传播情感故事，满足人们内心情感的空缺，帮助人们进行感情的沟通，将广告以更柔和的形态传播出去。这种传播策略的优点在于，能够将当下最热门的话题以细腻的故事增添人文情怀，从而与受众达成共鸣，受到受众的青睐。

（三）精准性的传播渠道

在新传播生态环境下，以数字媒体为平台的移动社交媒体广告传播往往依托平台终端，通过对客户信息进行分析，了解用户的习惯、喜好和相关潜在需求，并选择特定的目标用户和目标区域，采取灵活多样的形式，自由地选择文字、图片或视频等，通过数字媒体精准投放系统，有效地向消费者传递相关移动社交媒体广告，对投放的移动社交媒体广告进行实时监测，并根据监测的结果，调整广告投放的方式，控制广告投放的效果。

三、移动社交媒体广告的系统生态模型构建

本章引入网络平台信息多样性的概念，从信息流动纵向和横向维度入手分析，考虑信息生态多样性，并将"生态思维"和"生态系统的存在状态"引入移动社交媒体广告传播研究中，根据所分析的传播过程的"层次性和结构性分析"，从而更好地理解传播现象和传播规律。因此，构建了基于数字媒体平台的生态系统模型，该生态模型的构建包括：网络平台的成功搭建、用户间的信息流转路径形成以及社会关系网络之间链接的形成，并根据信息流流动的方向和层次划分为纵向传播子生态系统和横向传播子生态系统。其中，纵向传播子生态系统反映了不同层次间的生态系统信息丰富程度，而横向传播子生态系统反映了同一层次生态系统的丰富程度。

1. 纵向传播子生态系统

企业通过数字媒体平台将移动社交媒体广告向第一层用户传播,随后,以该层用户为新的节点,通过分享等手段向第二层用户传播,然后第二层向第三层用户进行传播,最后到第 m 层网络,层与层之间通过不断转发评论等增添新内容从而实现纵向生态子网络。可见,该纵向传播子生态网络是由 m 个子生态网络组成。在这些子生态系统中,信息流的方向一般是单一正向逐层传播的。

2. 横向传播子生态系统

利用数字媒体平台的有关转发、分享、评论等功能,同一层次的不同用户间可以通过多种手段进行移动社交媒体广告的内容分享、信息交流等,即每一层也形成一个横向的子生态网络,即用户 1 到用户 2 到用户 n。可见,该横向传播子生态系统网络是由 n 个子生态网络组成。在这些子生态系统中,信息流的方向一般是双向同层传播,从而产生循环往返的回环流通。

移动社交媒体广告的传播系统是一个复杂的、非线性的信息传播生态网络。从网络结构看,该网络是由节点、边、子网等子单元构成。而从生态系统角度来看,该生态网络是由无数不同层次组成的小生态网络组合、演变而成的。而且,该生态网络具有明显的动态特性。即随着时间的推移逐渐向前发展,各个子生态网络之间相互交叉、重叠、不断延伸,最终形成庞大的生态网络。另外,在该生态网络的移动社交媒体广告传播过程中,通过转发、评论等使移动社交媒体广告的信息流动范围和幅度都有明显提高。一方面,随着移动社交网络的扩大,社交网络各个节点的连接增加,导致信息传播的规模不断增大;另一方面,信息传播过程导致生态网络的链接程度有了新的增加。故该移动社交媒体广告信息传播可以沿着"初始传播""转发扩散"和"循环回流"路径阶段性演进,最终实现庞大的生态网络集群(见图 4-7)。

四、移动社交媒体信息传播的研究结论

传统媒体进行信息的传播时往往需要经过信息的收集、整理、审核、排期等过程,经过层层路径才可以将信息传播到公众面前。而移动社交媒体通过网

络"交互式"的点对点的信息传播,受众在接收到信息时可以积极表达自己的观点和态度,从而实现和信息者的互动。移动社交媒体平台形成了一个典型的生态网络,可以通过技术手段向目标用户定向发送相关的互联网广告,如移动社交媒体广告等。

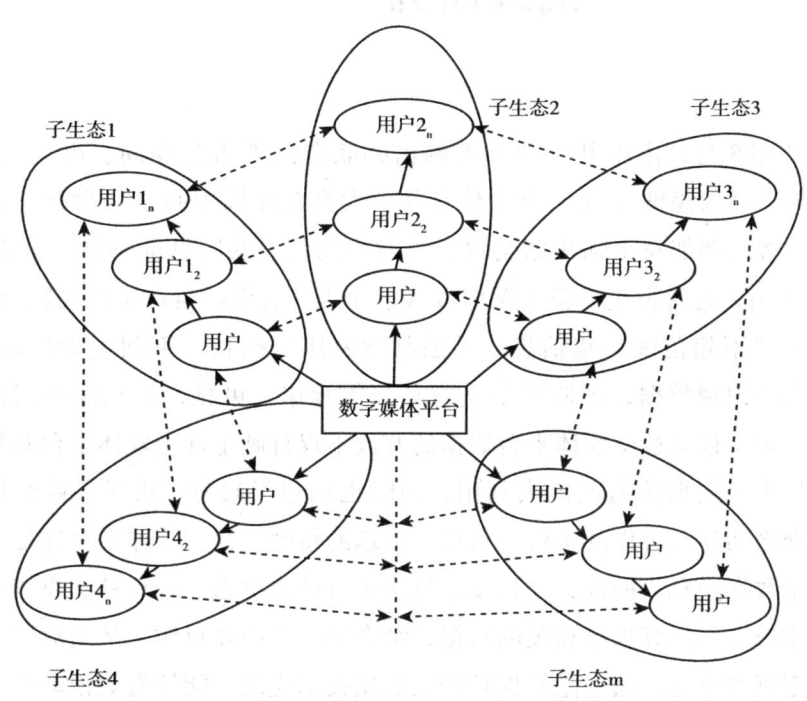

图4-7 移动社交媒体广告传播生态网络构成模型

因此,在移动社交媒体进行对外传播时,内容成为生态网络扩张的关键,故企业需要根据自身的特点和对应的文化进行结合,不断提升传播的内容。移动社交网络虽然具有虚拟性,但是这种虚拟性由于人的交往而形成密切的联系,并且通过关键节点向终端进行传递。在企业进行社交媒体信息传播时,要特别明确市场信息的定位,做到差异化传播。企业可以利用移动社交媒体平台进行信息的快速交流和分享,然而,由于网络节点和边具有不同的脆弱性,故企业在对外传播过程中要特别维护好企业的形象和产品形象,不断提升用户的粘性和传播的效果。此外,信息在流动过程中可能产生了泄露,这就需要加强对网络的监管和控制,从而防止信息的传输出现偏差。

第五章　移动社交媒体隐私保护和治理研究

2022年8月，由中共深圳市委网信办联合深圳市公安局、市场监管局、市通管局主办的深圳市App个人信息共护大会在深圳中心书城举行。深圳市委常委、宣传部部长王强出席会议，并与市民代表共同见证腾讯、华为等20余家重点App运营企业签署《深圳市App个人信息保护自律承诺书》，向社会公开作出"不超范围采集信息，不强制索要用户授权，不利用大数据杀熟、不滥用人脸识别数据，不监听个人隐私"等承诺。可见，隐私保护问题已成为社会共识。移动社交媒体平台数据的开放不仅打破了社交媒体平台对数据的垄断，促进了数据价值的最大利用，同时也构建了政府、市场、社交媒体平台、公众之间互动合作的平台。从社会治理的角度，社交媒体平台往往以掌握用户大量数据隐私为前提，并且基于算法进行精准推送。移动社交媒体平台可以根据用户个人偏好采集相关的数据，结合第三方商业机构，从而对用户进行个性化定制和推送。通过隐私保护和大数据技术应用，能够有效推动社交媒体在公共活动中实现协同治理，帮助政府部门提高决策的水平，同时也能够充分调动各方的积极性来完成社会事务，实现社会事务治理方面的创新，给公众的生活带来便利。例如，通过数据开放，及时了解交通拥堵情况，实时缓解交通压力。实时了解环境污染排放、社会难题等，从而加快社会治理的步伐。这表明：一方面，用户依赖于社交媒体平台获得相关的信息定制服务、广告精准投放、市场分析和商业模式建立等；另一方面，用户的个人数据，包括姓名、电子邮件地址、出生日期或者具体的位置等也在一定程度上暴露了用户的信息。一旦用户通过移动社交媒体平台的条款并且自愿放弃数据，这种不平等性几乎使用户的权益遭到致命破坏。移动社交媒体可以通过获取用户资料并提供有针对性的广告信息，与合作伙伴共享用户的相关个人信息，通过其他手段向第三方直接出售相关用户的数据，或者是在相关活动中使用用户的照片或者其他类型的数据，这使用户的权益遭到致命性破坏。

第一节　移动社交媒体隐私风险防范和处理研究

移动社交媒体个人隐私的泄露是由于用户允许特定的个人或群体进入自身的个人私域为预防性前置性条件。但是，由于移动社交媒体依赖于互联网的开放性而存在，出于商业利益的考量，往往通过各种方式鼓励和接纳更多的用户参与到移动社交媒体中，形成熟人圈和陌生人圈的重叠，从而造成两者之间的界限模糊和人际交往的复杂性，对个人隐私的私密性形成了挑战。特别是随着移动社交媒体的迅猛发展，人际交往方式面临个人隐私泄露的新风险。然而，由于缺乏法律的惩治力度，泄露用户个人信息可能带来的现实利益远远高于其个人可能承担的法律后果。这使社交媒体企业受到巨大的经济利益驱动，肆意窃取、利用和泄露用户的个人隐私，侵犯了广大用户的个人隐私权。因此，为了防止个人隐私泄露，除了完善必要的法律法规以外，还需要强化对移动社交媒体平台的实时监督。当发现用户存在个人泄露风险时，社交媒体平台应当及时发布和推送风险提示。而作为市场监管人，政府也应当承担更加积极的角色，加快制订移动社交媒体用户个人隐私保护条例等行政规章，加大行业监督力度，严厉惩戒移动社交媒体平台用户个人隐私的行为，净化移动社交媒体的运营环境。

一、移动社交媒体用户的隐私防范

英国开放数据研究所（ODI）在 2019 年对英国成年公民的一项调查发现，87% 的受访者认为合理利用个人数据非常重要。因此，政府需要制订有效的监管框架从而保证个人敏感信息能够得到有效保护。而移动社交媒体使用者首先应该提升自身的隐私保护意识并适当采取必要的手段，在降低用户隐私泄露风险中发挥重要的作用。个人在发布朋友圈、微博信息时不能轻易添加位置信息，防范位置被泄露。其次，用户需要关闭自动获取通信录权限，防止自身的通信录中的朋友被泄露给他人。再次，不能轻易添加不认识的好友或者公众号，防止个人信息在不知不觉中泄露。最后，要设置自己的个人信息权限，包括不允许陌生人查看自己的信息等手段和措施，从而有效地保护个人隐私。而从社会层面，应该建立完善的移动社交媒体隐私信息风险防泄露体系，通过有效的机制进行干预，从而保证移动社交媒体信息不被泄露。

移动社交媒体隐私风险防范体系主要包括四个阶段，分别是移动社交媒体数据风险防范机制阶段、移动社交媒体风险事件监测预警阶段、移动社交媒体风险应急处置阶段以及移动社交媒体数据共享重建阶段（见图5-1）。

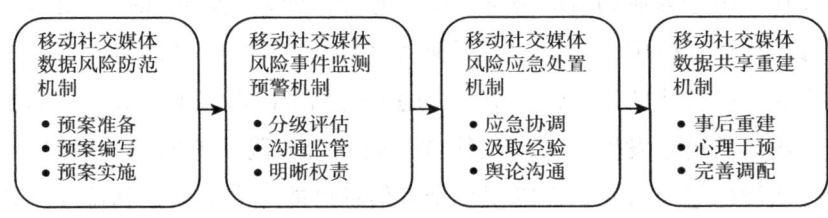

图5-1 移动社交媒体数据应急工作风险防范示意图

（1）构建移动社交媒体数据风险预防和应急准备机制。针对移动社交媒体数据风险应急预案提供应对各种情况所采取的相应方法，预案的制定分为前期准备、预案编写、预案的评审和发布实施三个阶段。最终以移动社交媒体监管为依托，针对移动社交媒体数据共享可能出现的具体问题，构建统一、高效的应急指挥体系，针对各类数据泄露的突发事件实现专门部门控制管理和协调，提升协同应急能力。

（2）构建移动社交媒体风险事件监测和预警机制。第一，政府或行业监管部门引导移动社交媒体企业成立由风控管理专家组成的移动社交媒体数据泄露全面风险管理小组，全面负责移动社交媒体数据风险控制工作，详细分析移动社交媒体数据泄露事件的严重程度并对该突发事件进行分级评估。根据结果，召集移动社交媒体企业各部门召开应急预案启动会议，严格按照突发事件应急预案流程进行相关处置工作。第二，应急救援部门应在移动社交媒体企业总领导下及时反馈相关职能，推动应急救援工作，并且对可能的风险进行评估和调查，防止突发公共事件有所扩大化，及时通过社交媒体平台或其他传播平台进行有效沟通，防止突发移动社交媒体数据泄露事件进一步蔓延扩大。第三，当消除移动社交媒体数据泄露事件风险隐患后，通过专家讨论和分析评估最终结束应急事件响应。根据移动社交媒体风险的联动协作特点，确定移动社交媒体数据各监管部门或成员的职责，对相关的应急预案进行完善。

（3）构建移动社交媒体风险应急处置和救援机制。建立由移动社交媒体企业决策机构领导的常规性突发事件应急管理协调部门，对移动社交媒体数据突发事件的部门工作进行协调部署。同时，应急协调部门须及时与技术部门、营销部门和其他部门取得联系，加强移动社交媒体企业内部部门的沟通工作，及时听取企业外部、社会、消费者等各方建议和对策，防止移动社交媒体数据泄露有蔓延扩大的趋势。特别是在舆论沟通方面，需要成立专门的新闻发言人制度，利用移动社交媒体自身的优势，及时精准传递相关的信息，构建应对移动社交媒体风险事件的舆论引导机制，发挥移动社交媒体平台联系社会影响力大的人脉优势化解社会矛盾降低应急响应级别。

（4）构建移动社交媒体数据共享重建的事后恢复和重建机制。一方面，利用移动社交媒体平台各职能部门的优势，部门充分利用好数据共享服务重建资金，加强资源的有效调配。细化数据管理分类分级标准以及预测监控、信息发布机制，强化企业统一领导下的信息报告和预警工作机制。另一方面，建立心理干预机制，帮助由于数据共享造成风险事件受害者恢复心理平衡，真正体现"以人为本"的原则。把心理危机干预纳入移动社交媒体数据保护的应急预案，借助人工智能、大数据、区块链等技术，整合各方面的数据资源，完善应急响应过程中的信息反馈机制、信息沟通机制和预案体系等。具体来说，主要包括三个方面内容：第一，源头防范。当用户使用移动社交媒体时，要有节制地发布与自身活动密切相关的行为动态等，避免发布与个人隐私密切相关的数据。而在使用位置共享时，需要谨慎使用GPS定位系统进行位置共享，减少发布位置共享的动态，避免泄露用户的实际生活地址以及实时的生活轨迹。第二，过程防范。用户在使用移动社交媒体平台进行交流时，避免点击来源不明的链接，防止个人信息被无辜泄露。在使用密码登录过程中，设定好自己的密码等级，防止过于简单的密码，从而构建适合自己的密码安全设置策略。第三，在使用完移动社交媒体后，要及时了解自身的相关数据是否被利用，是否历史数据被共享，必要时对相关的网络数据进行必要的清理，从而提升数据的安全性。

二、移动社交媒体平台层面的数据治理

数据治理的实质是将零散数据变成统一的主数据,从具有很少或者没有组织和流程治理到企业范围内的综合数据管理和处置的过程。针对移动社交媒体的庞大数据,移动社交媒体平台应当不断加强用户隐私泄露的综合治理,并加强用户的隐私保护。从平台层面来看,移动社交媒体数据的流通分为三个部分(见图5-2):第一,数据供应。这直接反映了移动社交媒体平台向终端用户提供有效的网络数据的过程。第二,数据流通。具体包括 UGC 众包(即用户内容生成)的数据采集过程,然后将用户生成的内容通过数据交易、API 交易(应用程序编程接口)以及规则交易等方式将相关的数据向社交媒体平台末端供给。第三,运营数据。直接反映了移动社交媒体企业或第三方企业对相关数据的潜在市场需求。

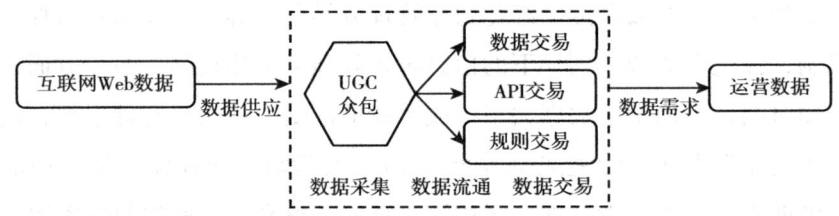

图5-2 移动社交媒体平台数据流通过程

根据图5-2,移动社交媒体进行数据治理的关键是综合考虑社交媒体数据特性和数据价值的实现过程,再综合考虑数据主体、数据控制者以及社会利益三方的利益均衡。

第一,移动社交媒体平台应当加强对平台用户安全的保障,尽快制订《个人数据保护法》,规定各类在线、离线相关的个人数据保护的基本原则。明确个人数据权利、隐私权利的具体类型,通过行政保护手段强化对个人数据的保护。一方面,针对用户的登录提升登录密码的安全性,从源头上降低隐私泄露的风险;另一方面,在使用过程中坚持谁使用数据谁负责的态度,坚决反对隐私的泄露。特别是对于个人数据登记、利用共享、处置和保管的共同要求是依法定程序和职责的。

第二，设定必要的用户监管中心，尽快完善行政保护制度，引入个人隐私处理的行政审批和行政登记制度；完善行政保护措施，引入行政评估、行政调查、行政处罚令等行政措施，建立行政评估和第三方的协调与工作对接。帮助用户提升隐私信息安全，防止用户自身在使用过程中对相关的信息进行泄露。加强平台自身的信息安全监督力度，设立重大侵权事件的市场清退机制，有效净化个人隐私信息的社会保护环境；加大隐私侵犯行为的处罚力度，提高个人隐私泄露的违法成本。

第三，媒体平台在使用用户的相关信息中，要严格遵守知情权和使用权问题，避免过度使用用户的信息。明确收集网络信息的依据和范围。对于数据是单位或个人应当向使用者说明收集行为的权限、依据和目的，强调收集和持有的数据内容是准确的，不能是虚假的或错误的。通过保证依法行使职权，从而避免因擅自扩大收集范围而侵害个人隐私权。

第四，通过必要的传播手段，向用户宣传隐私保护、隐私安全设定方面的知识，提升用户的个人隐私安全保护意识。强调用户在使用移动社交媒体的过程中，应该对移动社交媒体所受到的信息提高辨识度，不能轻易相信社交媒体中的信息，不断提高个人隐私保护意识，合理规避隐私泄露的风险。特别是要通过传播提升用户谨慎使用移动社交媒体的习惯，让用户不能盲目信任移动社交媒体的网络环境。通过宣传提升移动社交媒体用户的隐私保护意识和风险感知能力。

三、移动社交媒体的行业治理过程

由于国家法律的制定具有一定的滞后性，行业自律行为应当成为规范服务商行为、保护用户隐私的有效补充。通过规范移动社交媒体行业行为，协同不同媒介个体间的利益关系，鼓励行业组织或企业建立有效的移动网络信息保护规则，建立多元的社交媒体监督体系。

（一）加强移动社交媒体使用中的安全监督管理

具体来说，移动社交媒体行业应当建立完善的监督和管理机制。一方面，加强对移动社交媒体平台企业的监督，如建立移动社交媒体隐私安全保障联盟或者安全技术合作平台等。通过设定必要的行业规范，防止平台过度使用消费者的数据。通过举报和查处机制，对侵犯用户隐私安全的事件或行为坚决给予严厉的处罚。公民在提供个人数据的场景中，不仅要注意个人数据的自我保护，还要监督采集者是否采取了切实有效的措施来保护个人数据。另一方面，加强对移动社交平台企业的管理，帮助企业建立必要的用户隐私信息保护制度，帮助企业提升用户隐私信息防泄露机制。成立专门的个人数据保护行业组织，对个人数据保护的执行情况进行评估和认证。同时，这些行业组织还应承担起向全行业宣传个人数据保护的责任。特别是尽快出台相应的个人隐私保护具体保护实施的行业标准和公约。进一步提高个人隐私保护标准的约束力，通过具体的强制实施的标准加强行业保护。如应当注重增强数据把关能力和移动网络除痕技术的研发和投入，避免第三方程序在传输过程中盗取用户隐私信息。同时不断强化移动网络加密功能和数据风险预警机制等，不断提升移动社交媒体使用中的安全系数，从技术和应用角度保护用户在使用移动社交媒体过程中的隐私安全。

（二）切实履行对用户的隐私保护协议

由于用户在使用移动社交媒体过程中，其交流的范围和自由端不断扩大，用户的隐私保护内容也更容易被忽视。为此，应该强化服务商和用户对隐私保护的协议。实际上，用户的隐私协议一般包括两个方面内容：一方面，解释用户如何在使用社交媒体或 App 软件时有效保护自己的隐私；另一方面，商业公司阐述如何在多大程度、多大范围内以及如何搜集用户个人信息并保障隐私安全。作为移动社交服务的提供商应该承担起对用户的隐私安全方面的责任，自觉履行协议规则。一切从用户的利益出发，完善用户的反馈机制，提升用户对移动社交媒体的环境信任度。让用户主动阅读和熟悉隐私政策，通过反馈机制帮助用户更有效地在数据开放的基础上保护好相关的数据，从而促进移动社交媒体的长远健康发展。

四、移动社交媒体的政府治理过程

从政府管理的角度，需要建立健全移动社交媒体信息安全保障体系。国家和政府应当加强对移动社交媒体平台隐私泄露的综合治理，充分发挥其引导和控制作用。

第一，有关政府机构需要进一步完善有关隐私保护方面的法律法规，用立法形式实现数据开放和个人隐私保护的连接。对政府数据开放中的个人数据保护进行单独立法。形成立体的、多层次的个人信息保护法律法规和社交媒体数据开放相配合。明确对个人信息的具体保护措施以及对隐私泄露的处罚措施，从法律和法规层面提升用户隐私保护。针对目前移动社交媒体行业存在的问题，在责任和义务方面，国家法律法规应当明确对移动社交媒体服务商的技术发展要求，解决当前技术不成熟和用户隐私之间的矛盾；特别是要求移动社交媒体企业切实承担相关隐私泄露的法律责任等，对移动社交媒体服务商的行为进行限制，如收集用户信息的范围、使用用户信息的方式等。不断加强公民监管和救济制度建设，一旦公民的个人数据被非法泄露和使用后，可以通过反馈进一步获得法律援助。

第二，帮助行业协会制订更加完备的行业协会准则，明确行业协会、移动社交媒体平台各方的具体责任，建立移动社交媒体数据安全管理体系、强化用户个人信息保护、建立完善数据和个人信息泄露公告及报告机制等方面以防止隐私泄露。特别是需要明确网络信息的依据和范围。强调政府的收集行为应当根据其职责和工作需要来决定。要严格调查、收集信息的相关程序，收集单位或个人应当向当事人说明收集行为的权限、依据、目的等情况，强调收集和持有相关的数据内容是准确的，而非虚假或错误的。

第三，针对黑客的攻击行为、社交媒体平台不当使用用户隐私信息的具体违法行为，根据相关的责任认定情况，加大对违法行为的惩处力度，不断维护和谐的网络社交环境。此外，不仅要考虑本国移动互联网络的实际现状和特殊情况，还有必要时刻关注、了解国际社会在移动网络隐私保护方面的最新动态，充分利用全球信息资源、增强技术和信息交流，提高应对网络隐私安全风险的应对能力，完善网络安全治理水平。

第四，帮助企业加强技术创新，提升用户数据保护的技术手段，建立健全有效的数据隐匿机制和防泄露体系，使数据的访问过程和使用流程更加规范合理，最终，形成对个人隐私保护的长效机制。

第五，要构建包括政府、行业协会、社交媒体平台为一体的多维度隐私风险治理体系（见图 5-3）。首先，需要在立法角度完善相关的社交媒体用户信息保护制度，明确隐私数据的信息价值，尽可能地保护用户的合法权益。构建与经济社会发展相匹配的数据安全保护标准。其次，加强社交媒体运营商和用户的教育，提升行业的自检自查自律的意识和能力，不断推动行业的快速发展。其核心是构建完善的监督管理机制，加强对互联网平台运营商的监督以及第三方机构对行业的整体监督管理。构建针对项目监管的系统性、协同性的问责机制，一旦出现数据信息泄露风险，能够及时对责任人进行问责；能够及时挽回信息泄露造成的损失，同时，还能避免信息泄露造成更大的损失。此外，要加强对技术手段的有效运用，防止技术手段的滥用，包括 Cookies 管理工具、匿名技术以及防火墙技术等。尽可能地通过有效的数据监管，避免用户信息的泄露，实现对用户隐私信息的保护。

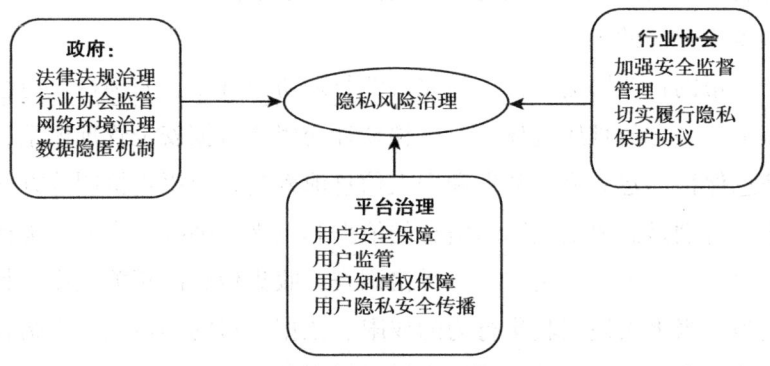

图 5-3 移动社交媒体隐私风险治理的多维度治理方式

第二节 互联网及数字平台的隐私治理

近年来，随着数字区块链技术的发展 Dursun Taner（2021）等提出了新的隐私治理策略，即基于策略管理和分散身份技术的区块链治理模型，其提出的分散认同理念强调通过区块链的节点关联，加强数据平台的隐私治理。这里，区块链节点指的是区块链网络中的计算机，通过区块链模型可以加强数据的分权处理、相关的数据更能凸显安全和公平的社会价值。Amalie Dyda 和 Michael

Purcell（2021）等提出的差分隐私也成为有效保护数据安全的创新机制。其研究表明，通过差分隐私模型能够巩固帮助发布数千个较小误差和提供强大隐私保证的差异隐私分析。新媒体隐私的治理关键，需要允许网络空间中的"公"和"私"的复杂缠绕，尝试将社会的限定从内容层面转向"隐喻"层面。通过建立策略规范语言和隐私合规化形式加强网络平台的直接监管。这一有效监管就需要通过必要的技术手段，包括隐私算法框架，完善用户话语算法，克服算法在移动社交媒体信息传播中的不良偏向，保证算法的客观、公平、公正。

从社会治理的角度，需要加强对社交媒体传播过程的风险认知，提升用户的风险意识，推进社会变革和数据安全综合治理，提升数据的有效性，降低传播风险。从移动社交媒体平台自身的传播效果来看，移动社交媒体平台对于某些有争议性的公众交流对话，反而起到了抑制作用。特别是网络中的社交媒体平台有时对某些敏感性的话题，不愿意公开发表真实的想法，限制了信息的有效传播。相反，很多看法都是带有"伪装"色彩的回应。在移动社交媒体平台上，可能出现所谓的"回音室"效应，即由于信息的选择性接收或传播，造成网络群体的割裂和独立。特别是由于抖音等以算法为基础的移动社交媒体，能够根据平台利益对某些问题进行有意识的屏蔽。而在数字空间中，网络社群也多是根据个性化的爱好、价值理念等进行构建形成的群体，使这类群体更多地倾向于寻求与自身观点、价值取向相同的团体。通过群体互动中将情绪升级，从而产生群体间的对立和割裂。可见，移动社交媒体的社会治理关键是创造一种有效的"社会性技术"：即通过社交媒体信息传播和数据信息消费进行有效对抗，改造社会化媒体的消极政治状态，重塑移动社交媒体的公共性精神。

一、算法偏见歧视与社交媒体平台治理

在移动互联网时代，算法正成为社交媒体平台重要的基础设施和技术架构。算法正在参与社会文化内容的重新配置，不仅带来了文化产业生态的转变，同时也带来了一系列价值危机，如包括不平等加剧、歧视加深、文化公共性贬损以及公民身份和道德实践衰落等严重后果。特别是某些数字平台会出于某种商业和政治目的，在平台架构和算法中嵌入社会价值观。正如 Batya Friedman 和 Helen Nissenbaum（1996）认为计算机算法存在三类偏见：先在偏

见、技术偏见和突发偏见。偏见产生的根源在于社会制度、社会实践和受众态度；技术偏见产生于技术上的考虑限制；突发偏见产生于使用环境中，源于社会知识、人口和文化价值观念的改变。可见，如何保证算法的公平性，提升算法的责任成为社会广泛关注的热点内容。新浪微博在2012年建立了一种全新的社区治理方式，通过微博社区委员会的工作机制，实现国家、企业、社会、公民四种力量的共同治理路径，也成为未来社交媒体的普适性治理方式，如英国的互联网观察基金会（IWF）。

（一）移动社交媒体治理的范畴

移动社交媒体平台的治理需要规避算法偏见、歧视，提升算法的责任属性。这就需要加强顶层设计，出台算法责任的利好政策。一方面，通过创新移动社交媒体管理模式，赋能基层社会治理，着力提升基层治理社会化、法治化、现代化、智能化、专业化水平；另一方面，要积极探索建立行业管理组织，构建政府管理部门和移动社交媒体群体的链条，弥合政策管理和自媒体行业间的空白地带，贯彻相关政策，搭建业务指导、培训平台。

从社交媒体治理的范畴来看，移动社交媒体的治理是一个双重侧重的过程，既要管理互联网的商业功能，又需要对互联网上的言论进行管制，在强调商业利益的同时又要防止社交媒体数据的过度利用，防止造成不良的社会影响，这方面侧重于政治的管理。例如，华为隐私保护治理框架的构建基于企业在不同业务领域的特点，设置差异化的隐私保护目标，满足消费者、客户和内部雇员的隐私期望。华为的隐私保护实践涵盖了个人数据全生命周期的管理和运作机制，将隐私设计和隐私默认融入业务流程中，确保业务活动中对个人数据的收集、使用过程的透明化。华为在隐私保护领域基于GDPR和GAPP建立了一套全球范围内使用的个人数据保护原则，在这些原则的基础上进行本地化适配。为有效评估和消减个人数据保护风险，华为通过隐私影响性评估方法在隐私通知、选择和同意、数据收集、数据使用和留存、数据安全保护、向第三方披露、数据跨境转移和数据主体权利等方面进行系统性管控。此外，华为通过自上而下的组织治理架构，确保隐私保护各项活动能够被有效执行和监督。

（二）移动社交媒体隐私治理的流程优化过程

从信息传播的过程来看，移动社交媒体平台占据了新的枢纽地位。用户、信息、服务汇集在平台上，平台从而拥有了"中介权利""制约权利"等。由于移动社交媒体企业从终端用户那里获得敏感信息，更应接受额外的监管。然而，从功利主义视角，移动社交媒体平台企业在数据开放的过程中首先关注的是企业自身的营利，但是培养塑造其用户的正确价值观和品德、防止数据泄露，无论对于社会还是企业来说都是非常有益的。故移动社交媒体企业需要积极响应隐私法律变化、消费者期望和客户需求，第三方或其他隐私保护组织应持续地将隐私保护相关要求进行解读并分解为业务控制要求，推动移动社交媒体企业通过已有的业务流程体系执行、实施和优化。

1. 数据模型治理

数据模型是数据治理中的重要内容，通过有效地将概念模型、逻辑数据模型以及物理数据模型等形成数据治理。而数据模型的关键主要是数据结构、数据操作和数据约束。其中，数据结构用来描述数据的类型、内容、性质和数据间联系；数据操作是描述数据结构上的具体操作类型和方式；数据约束主要是描述数据结构内数据间的语法、词义联系以及制约和依存关系。通过数据规则，实现数据的正确、有效和相容。可见，数据模型治理的关键在于构建完善的数据保障体系，提升数据安全性和有效性。

2. 元数据管理

移动社交媒体元数据管理主要包括业务元数据、技术元数据以及操作元数据等。其中，业务元数据主要是与移动社交媒体活动有关的数据信息，用于辅助定位、理解和访问业务信息。业务元数据范围主要是业务指标、业务规则、数据质量规则、数据标准、概念数据模型等。技术元数据主要涵盖结构性技术元数据和关联性技术元数据。结构性技术元数据提供了信息技术基础架构下对数据的说明，而关联性技术元数据则描述了数据之间的关联以及数据在信息技术环境之中的流转情况。操作元数据则主要指和元数据管理相关的组织、职责、流程以及系统日常产生的操作数据。针对移动社交媒体的属性，一般能够用业务元数据指导技术元数据，而技术元数据以已有的业务元数据为参考进行设计，操作元数据为技术元数据和业务元数据等提供必要的管理支撑。

二、数据质量管理

数据质量管理成为社交媒体数据治理的有机组成部分。高质量的数据成为社交媒体企业进行分析决策、业务发展规划的重要基础，只有建立完整的数据质量体系，才能有效提升社交媒体数据整体质量，从而更好地为客户服务，提供更为精准的决策分析数据。本书提出数据质量管理的流程主要涉及三个阶段：第一个阶段为评估维度阶段，这一阶段的关键是确定移动社交媒体数据的属性；第二个阶段是业务流程阶段或者称为具体工作阶段，这一阶段的关键是对移动社交媒体数据进行处理和输出；第三个阶段是数据稽核阶段，这一阶段的关键是对数据的定义和校验进行核查阶段（见图5-4）。

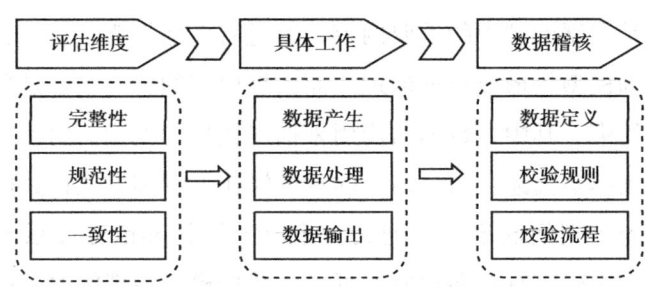

图5-4 数据质量管理流程图

（一）评估维度

从技术层面看，移动社交媒体数据质量的管理首先需要完整、全面定义数据质量的评估维度，包括完整性、时效性等。然后，每个阶段对相关的数据进行相应的数据质量检测和规范。其中，完整性需要检测相应的数据项是否缺失，数据取值是否完整；时效性重点考虑数据是否能反映当前事实，考虑系统对数据时间的要求；一致性考虑数据项取值是否满足和其他数据项之间的依赖关系。特别是数据之间并非孤立存在的，数据之间往往存在各种各样的约束，这种约束在一定程度上描述了数据的关联关系。数据必须能够满足这种数据之间的关联关系，而不能相互矛盾。

（二）移动社交媒体数据的过程质量

移动社交媒体由于数据的使用过程中对数据自身的内容、质量、存储等都有新的影响，如果相关数据被移动社交媒体企业正确使用，就能得到正确的结论；相反，如果被错误使用，就可能得到相反的结论。而数据的存储质量则是指数据被安全地存储在适当的介质上。其中，安全是指采用了适当的保护措施、方案和技术等来抵制外来的数据干扰因素，防止数据受到破坏。此外，随着移动社交媒体数据的传输，对其传输过程中的效率和正确性进行有效评价就显得很重要。这就可以考虑构建有效的数据仓库。通过数据仓库对移动社交媒体平台的主数据进行管理，构建完整的数据管理框架体系。首先，构建分析源数据系统，针对数据源中存储的逻辑定义、表结构、视图结构、约束等给出相应的定义，然后由定义以及定义的关联产生相应的业务规则和数据逻辑规则。其次，根据数据的验证引擎利用这些产出的规则，对源数据和目标数据进行校验，并对应校验规则保存校验结果。一旦发现数据源和数据流程中存在的问题，就可以参考修正记录，对数据的质量提出适当的改进策略，并采取适当的措施。

（三）明确相应的管理流程

移动社交媒体数据治理的关键是明确每一个阶段的数据质量管理流程。例如，在需求和设计阶段，需要明确数据质量的规则定义，从而指导数据结构和程序逻辑的设计。在开发阶段，需要对前面提到的规则进行有效的验证，确保相应的数据规则能够生效。最后在产品或服务投产后需要有相应的检查，从而将数据质量问题尽可能消灭在萌芽状态。

三、移动社交媒体的数据平台治理规则

数据平台治理的关键是构建统一的数据归集、治理、共享、安全和开放管理平台，通过构建基础数据库、大数据处理分析系统、开放域系统等基础设施，支撑数据平台治理的现代化。其中，公共数据开放属性应当分为禁止开放类、受限开放类、无条件开放类。无条件开放类、受限开放类公共数据应当按

照细则进行数据开放,因特殊原因不能开放的数据则需要提前进行备案等。目前,大数据管理平台的数据治理是一个长期而复杂的项目,主要包括数据标准、数据模型、元数据、数据生命周期、数据质量、数据安全等。其中,数据标准的管理可以提升移动社交媒体数据的合法性和合规性,进一步提升数据质量并减少数据的生产问题。在元数据管理的基础上,可以进行数据生命周期管理,提升移动社交媒体数据的访问效率,减少系统资源的浪费。通过对元数据和数据模型的管理,能够明确移动社交媒体的数据资源的具体归属,从而有效实施数据分布的规划和治理等。

(一)利用大数据挖掘技术分析各类海量信息,发现市场热点和需求,实现创新服务

首先,移动社交媒体企业可以将大数据技术应用到整个产品生命周期,如利用大数据挖掘技术等深入挖掘潜在目标客户需求,特别是通过对社交网络信息进行收集了解用户的实际需求;通过在线客户评论、用户体验反馈等信息进行深度挖掘和分析用户对相关产品的需求数量,充分洞察客户;通过技术手段分析客户的情绪,了解客户对产品的想法,获知客户需求的变化趋势,从而及时对现有产品进行及时调整和创新。其次,移动社交媒体企业或第三方企业可以基于大数据创新评估方法,通过大数据分析目标市场的变化情况,以数据为导向,构建一整套完整的以质量、结构为主的全新评价方法,从而引导社交媒体企业追求有质量和有效益的发展。

(二)通过内外信息联动,推进移动社交媒体数据风险防控能力

首先,移动社交媒体企业在进行数据治理时,需要结合外部营销数据和企业内部销售数据等,完善企业的风险防控体系。通过大数据理念和技术,统一构建风险模型管理,构建覆盖全部数据风险的模型管理、日常预警、评分评级、客户信用和业务联动的大数据平台,建立多维度、全方位的安全预警体系。其次,利用大数据技术及时整合信息,有效防控操作风险;通过业务网数据发现和识别风险,提升风险的提前预警能力;加强移动社交媒体跨领域的风险监控模型的研发,通过由点带线、由线及面的矩阵式关联监控,提前识别风险交织趋势,防范风险传染效应。

（三）利用大数据技术提升管理水平，优化资源配置，实现精细化经营决策

移动社交媒体企业在进行数据治理时需要提升内外部管理水平，不断优化数据资源的有效配置，通过数据服务加强企业的精细化经营决策。一方面，通过社交媒体的外部数据加强固有数据的补充和整理，实现企业经营分析外延的拓展；另一方面，企业需要进一步应用大数据可视化技术，实现复杂过程和分析要素向用户的有效传递，最终实现向经营人员提供信息支撑的目标。最后，移动社交媒体企业在数据治理过程中需要优化社交媒体大数据，以数据推动企业管理，不断加强总体资源配置的动态管理。通过分析社交媒体的相关数据关联关系，提升社交媒体企业运营效率和客户体验，最终提升企业经营决策的有效性。

第六章 基于复杂网络视角的移动社交媒体信息的鲁棒性研究

媒体信息是伴随着现代化媒体技术而发展起来的,它往往借助现代通信、网络和媒体技术,以不同介质(如报纸、广播、电视、网络等)为载体向用户提供信息。其优势在于用户界面友好,内容丰富。而媒体信息的最典型代表是媒体广告,即利用各种媒体进行广告和产品宣传。事实上,媒体广告作为一类重要的广告类型自宋朝活字印刷术后形成雏形。明清时期就大量出现在书籍上刊登的创意设计等并伴随着相关的商业行为。改革开放后,媒体广告的传播模式和宣传类型亦有所变革,更多地利用图书自身和作者签名售书进行广告等的宣传。由于互联网在图书销售和传播过程中得到了广泛应用,这对整个图书产业的销售模式产生了新的影响。以亚马逊和当当为首的网络图书电子商务企业发展迅速,以网络作为传播媒介的移动社交媒体广告也随之蓬勃发展。

随着移动社交媒体广告市场竞争的日益加剧,单纯地依托于"线下"图书销售的企业难以生存和发展,故企业需要建立相应的移动社交媒体广告传播系统,更多地将图书销售转至"线上"。该传播系统通常依托于企业、用户的分布范围以及用户之间的共享关系而形成一个庞大的广告信号传播网络。这一网络体系随着用户数量、分享内容、传播时间等的变化而进一步增大,呈现高度复杂性,故称为复杂网络。其最早的研究源于 Stanley Milgram 对不同用户关联所形成的六度空间理论。1999 年,Barabási 和 Albert 首次提出了无标度复杂网络模型,并研究了网络不同元素间的连接规律。其中,用"顶点集"概念表示网络中具体的可以辨别的实体元素的集合,并将集合内的元素称为网络的"节点",各个节点间通过直接或间接的相互作用实现信息传播。此后,复杂网络的理论研究逐步运用到其他社会科学领域。而在移动社交媒体广告传播系统中,各个节点也通过复杂的链接最终形成庞大的复杂网络。其中,图书出版企业、网络图书中介(转销商、代理商等)、图书购买客户分别代表该网络系统中的分层节点,节点间的连线则反映了广告信息的流动路径,体现了它们的相互作用。通过网络广告传播系统，将移动社交媒体广告信息和复杂网络各层级节点链接组织在一起，通过广告信号的非线性流动，使移动社交媒体广告内容和出版企业、购买客户之间形成了紧密的关联性（见图6-1）。可见，复杂网络就是将一个系统的组成要素抽象成网络中的节点、将要素间的关系抽象成为节点之间的边来表示，从而得到抽象的点集合和边集合，再根据实际的情景，赋予节点和边不同的属性的特定网络。一般来说，复杂网络具有三个特性：第一，网络结构错综复杂，随着节点的联系和时间的变化产生不同的调节方式；第二，节点属性的负载型，各个节点之间通过各种复杂的连接方式相互影响；第三，复杂因素的交互影响。在实际网络的信息传播过程中，各个因素之间相互影响、相互交织，共同发挥作用。

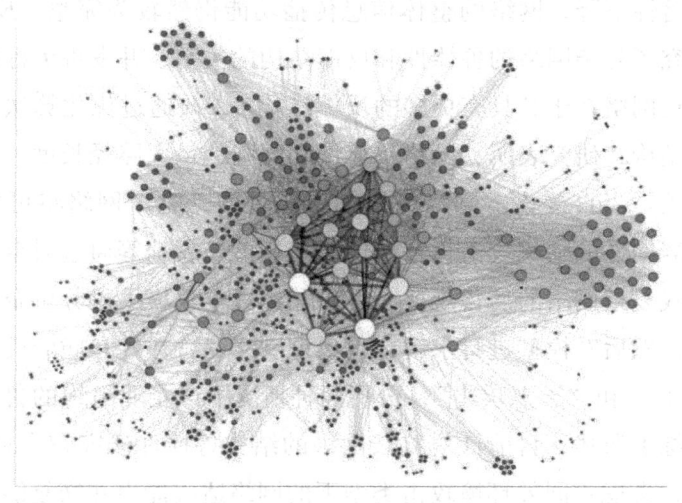

图6-1 复杂网络传播示意图

第一节 移动社交媒体传播的复杂网络

复杂网络在网络部分结构失效后对网络整体结构和功能的影响，称为网络的鲁棒性（Robustness）。在信息化和不确定环境下，移动社交媒体广告的传播缺乏抵御随机攻击和来自传播节点恶意破坏的能力，当某一评论攻击该移动社交媒体广告时，若能保证该移动社交媒体广告传播效果持续、稳定，并能按照预期目标通过网络层级向子节点有效传播，防范相关的传播攻击行为，则表明该移动社交媒体广告传播系统具备良好的鲁棒性。因此，研究移动社交媒体广告传播过程的随机攻击和抵御风险的鲁棒性，对于提高移动社交媒体广告的传播效果，保障移动社交媒体广告在受到各种突发性事件的稳定性具有十分重要的作用。

"鲁棒性"的研究对理解复杂网络传播机理、节点间关系具有重要理论意义。此外，加强复杂网络对外环境的防御特性，提高其整体效用还具有较大的实际应用价值。在现实中，许多复杂网络系统都对外界突发性事件产生的错误表现出了极大容忍性，如复杂交通网络具有较高的鲁棒性：当外界或内在原因导致该网络结构中的某一环节产生局部故障时，相应网络节点的信息交换能力却未出现显著性下降，网络的整体信息传播功能仍然较为完整。Kwon等通过关联分析研究了复杂网络的鲁棒性和反馈结构的关系，并发现无标度网络的鲁棒性高于随机网络在于其具有更多的反馈结构。Ash通过优化算法分析了复杂网络的具体结构，研究表明，网络鲁棒性和网络的最大路径长度、聚类和模块性等密切相关。当直接攻击网络的居间中心性时，整个网络将可能被予以摧毁，这种对居间性的随机攻击与鲁棒性密切相关。赵莉等通过对企业组织的抽象，积极寻找复杂网络的演化规律。首先利用数学建模手段分析企业组织的外环境等因素，然后对模型进行求解，得出该网络的鲁棒性和脆弱性，针对外部的"随意攻击"和"蓄意攻击"，分析两种情况下该企业组织的鲁棒性临界值及其差异。综上所述，目前针对复杂网络的结构鲁棒性研究较多地采用建模、分析等手段，考虑不同外环境攻击类型下的网络适应能力和恢复能力，然而从社会网络传播视角结合信息流通路径的建模研究较少。由于社会复杂网络相比一般复杂网络受到外界因素影响的范围和作用更大，其接收到外部攻击后的恢复能力和信息传播效率变化等成为研究的重点。

一、复杂网络模型基本理论

（1）节点间距离和平均路径长度。

在网络中节点之间的距离是指网络中任意两个节点之间的最短路径上边的数量，一般用距离d_{ij}表示。网络的平均路径长度L定义为网络中所有任意两个节点之间的距离的平均值，这一指标主要描述在社交网络中，任意两个人要进行相互联系所需要经过的朋友的平均数，即：

$$L = \frac{1}{\frac{1}{2}N(N+1)} \sum_{i \geq j} d_{ij} \qquad (6-1)$$

其中，N 是网络中所有节点的数目，d 为两节点之间的距离。式（6-1）是网络的平均路径长度，其中包括节点到自身的路径（这个路径始终为 0）。

（2）聚类系数。

移动社交媒体中形成的朋友关系网络中，朋友的朋友也可能是朋友，这种属性成为网络的聚类特性。因此，聚类系数被用来描述一个图中的定点之间结集成团的程度的系数。具体来说，聚类系数是网络的局部特征，反映一个点的邻接点之间相互连接或聚集的程度。本研究假设，移动社交网络中某个节点 i 有 k_i 条边将它和其他节点相连，这 k_i 个节点成为 i 的邻居，显然在 k_i 个节点中最多可能有 $\frac{k_i(k_i-1)}{2}$ 条边。而这 k_i 个节点之间实际存在的边数 E_i 和总的可能边数 $\frac{k_i(k_i-1)}{2}$ 之比就定义为节点 i 的聚类系数。聚类系数可以表示为：

$$C_i = \frac{2E_i}{k_i(k_i-1)} \qquad (6-2)$$

对网络中所有节点的集聚系数取平均值，就可以得到整个网络的集聚系数，它描述了网络中节点和节点集结成团的一种态势。对于规则网络，任意两个节点之间的特征路径长度较长，但聚合系数较高。而对于随机网络，任意两个节点之间的特征路径长度较短，但聚合系数较低。而小世界网络，节点之间特征路径长度小，接近随机网络，而聚合系数相当高，接近规则网络。

（3）社区结构。

网络中存在组内的边远稠密与组间的边的结构，这些结构称为网络的社区结构。通过特殊的划分形式，将网络划分为 k 个社团。定义一个 k×k 维度的对称矩阵 $E = (e_{ij})$，其中元素和表示网络中连接 i 社区和 j 社区的边在所有边中所占的比例；对角线上各元素的和为 $TrE = \sum_i e_{ii}$，表示网络中某一个社区内部各节点之间的边在所有边中 i 所占的比例。每行（或每列）中

各元素之和为 $a_i = \sum_i e_{ij}$，表示与第 i 个社区中节点相连 j 的边在所有边中的比例。

定义聚类模块性指数 Q，Q 值用于评价网络模块化指标，值越大表明网络得到的聚类越好。如果 Q→1，此时，社区划分非常明显，一般 Q≥0.3 即可表明网络社团结构是显著的。

$$Q = \sum_i (e_{ij} - a_i^2) \tag{6-3}$$

现实世界中的网络大部分都不是随机网络，少数的节点往往拥有大量的连接，而大部分节点却很少，节点的度数分布符合幂率分布，而这就被称为网络的无标度特性。这一属性反映了复杂网络具有严重的异质性，其各节点之间的连接状况（度数）具有严重的不均匀分布属性。而复杂网络中的无标度特性和网络中的鲁棒性分析具有密切的关系。无标度网络中幂律分布特性的存在极大提高了高度数节点存在的可能性。因此，无标度网络同时针对随机故障的鲁棒性和针对蓄意攻击的脆弱性。这种鲁棒且脆弱性对网络容错和抗攻击能力有很大影响。

根据以上分析，鲁棒性与复杂网络连结的"边""节点"以及相互联系形成的网络功能密切相关。研究移动社交媒体广告的鲁棒性，其实质在于将复杂网络的相关理论研究应用于社会科学研究，分析移动社交媒体广告传播过程中的相关"节点"在受到外部环境的攻击后，整个移动社交媒体广告网络的传播质量和传播效率变化情况以及整个网络抵御外部风险的能力。

二、社会网络分析

弗里曼（2008）提出，在社会科学中，以对社会行动者之间的互动为基础的结构性方法被称为社会网络分析。这些行动者可能是个体的人也可能是群体、组织或国家。在社会网络分析更加关注行动者之间的关系，认为这些关系的模式会影响它们的行动。自 20 世纪 90 年代以来，指数随机网络模型（ERGM）的建立和发展极大地推动了社会网络的统计建模。Snijders 等创建的个体导向随机模型进一步把随机网络模型推广到分析动态社会网络中。研究主题也从单纯地对社会网络的研究扩展到对政治网络、经济网络、文学对话网、疾病传染网络、计算机网络等的研究。社会网络分析中按照研究群体的不同主要分为两种基本类型：自我中心网络分析和整体网络分析。其中，自我中心网络分析往往从个体角度界定社会网络，以特定行动者为中心，参考与该行动者相关的联系，从而研究个体行为如何受到其人际网络关系的影响。而整体网络关注的焦点则是网络整体中角色关系的综合结构或者群体中不同角色的关系结构。这两种类型的分析因其侧重点不同，主要使用的测量指标也不尽相同，但并非毫无联系。

（一）社会网络中的测量指标

社会网络中的测量指标主要包括三种类型：对连带的测量、对个体的测量和对网络整体的测量，这些指标都是静态量，通过计算不同时间的值，反映网络的变化趋势。其中，社会网络中的连带测量包括强度、频率、方向等。强度描述了网络连接的时间、感情强度、亲密程度或互惠程度。而从社会网络中个体测量来看，主要包括度、近邻度、中心度等具体指标。其中，度是指和其他行动者的直接连接数；近邻度指的是一个行动者靠近或者可以轻易到达网络中所有其他成员的程度；中心度反映的行动者在网络中处于中心的程度。而中心势反映了大多数中心度最大的行动者和其他行动者间的中心度值的差别，从而得到实际差别总数和最大差别总数的比率。通过社会网络分析能够从不同角度对社会网络进行系统性分析，包括中心性分析、凝聚子群分析、核心—边缘结构分析以及结构对等性分析等。

（二）社会网络中的中心性分析

移动社交媒体中用户可以形成特定的接触、连接或联结。而要分析社交媒体用户中连接的强度或者中心问题，这就涉及社会网络中分析的重点之一——"中心性"。即个人或组织在社会网络中具有怎样的权利，或者说居于怎样的中心地位，这一思想成为社会网络分析者最早探讨的内容之一。根据计算方法的不同，中心度分为三种：点度中心度/点度中心势、中间中心度/中间中心势和接近中心度/接近中心势。

在一个社交网络中，如果一个行动者和其他行动者之间存在直接联系，那么该行动者就居于中心地位，在该网络中拥有较大的"权力"。在这种思路指导下,点度中心度表示网络中与该点直接相连的点的数目。在无向网络中,可以用一个节点的度数来衡量中心性。其指标假设在于:重要的节点是拥有许多连接的节点。

$$DC = \frac{N_{degree}}{n-1} \quad (6-4)$$

在移动社交网络分析中,中心度表示为点的中心度,中心势则表示整个网络的中心度。其中,点度中心度表示与该点直接相连的点的个数,无向图为(n-1),有向图为(入度、出度)。点度中心度可以分为绝对点中心度和相对点中心度。绝对点度中心度可以表示为:

$$C_{ADi} = d(i) = \sum_j x_{ij} \quad (6-5)$$

中间中心度表示该点的"中间人"程度,也就是媒介程度,可以表示为:

$$C_{ABi} = \sum_{j<k} b_{jk}(i) = \sum_{j<k} \frac{g_{jk}(i)}{g_{jk}} \quad (6-6)$$

接近中心性表示为:

$$C_{AP_i}^{-1} = \sum_j d_{ij} \quad (6-7)$$

相对点度中心度可以表示为:

$$C_{RD_i} = \frac{d(i)}{(n-1)} \quad (6-8)$$

相对点度中心度的中间中心性可以表示为:

$$C_{ABi} = \frac{2C_{AB_i}}{[(n-1)(n-2)]} \quad (6-9)$$

但是在实际情况中,可能出现有连接方向异质的情况。例如,如果A连接的10个人中有7个人是A关注了其他人,2个人是其他人关注的A,1个人是A和其他人相互关注,这就说明连接的方向性。定义为入度即表示一个人的被关注程度。点入中心度高的人是其他人都想和其形成关联的对象,这个点具有很高的声望,体现了这个点的吸引力。入度高的点可能会引导这个网络圈交流的内容、视角、深度和广度问题。

出度表示为以个人关注他人的程度。点出中心度高的人在这个网络中,往往努力并活跃地与其他人取得关联。可以理解为在这个网络中具有较强的囧机型,体现了一个人的积极性。出度高的点,能够从网络中其他节点获得丰富的信息，在学习网络中可能就是知识和方法等。

（三）移动社交媒体广告系统的传播特性

不同于一般的复杂网络，移动社交媒体广告的传播主体、传播路径和传播内容不仅依托于物理网络，而且依托于信号传递过程中形成的人际网络。从移动社交媒体广告传播系统的传播主体来看，一方面，移动社交媒体广告传播网络中信息数据的传播主体是人，通过网络传播的广告信号在一定程度上反映了人际关系和社会交互的时空特性；另一方面，该网络的信号传递依托于具体的媒介位置，通过物理网络连通了虚拟的社会空间，融合了人们对于图书品类购买的在线体验和分享内容，其信号流向更为复杂，移动社交媒体广告信号的传播路径连同各个传播节点最终形成了混合的社交空间。随着移动社交媒体广告沿节点的不同路径逐层向用户传播，该网络会依托移动社交媒体广告的传播范围而得到增强，形成一个遍布全国乃至全球的传播网络。

从移动社交媒体广告信号的传播过程来看，在移动社交媒体广告形成的传播系统中，移动社交媒体广告的受众不是广告信息的被动接受者，相反，他们主动寻找信息、选择信息，并对感兴趣的信息进行更深入的接触。此外，移动社交媒体广告的受众还可进一步了解产品更详细的信息，并通过咨询、分析，随时反馈接收到广告后的感受。由于网络受众对广告信息传播的主动参与，而这种主动参与实际上是影响复杂网络信号传播的一种"不确定因素"。即用户可能主动对该传播网络进行侵扰或攻击，故其具有一定的潜在危害性。一方面，影响移动社交媒体广告的传播效率和传播质量；另一方面，可能改变广告信号的传播路径及方向，最终沿整个移动社交媒体广告传播网络进行扩散：在一个网络中，当某个节点在遭受外部用户的攻击时，有可能对其他传播节点造成损害，从而影响到其他各个节点评论者给予的评论或信息共享，最终导致移动社交媒体广告传播系统的部分或全部功能丧失（系统崩溃）。

总之，移动社交媒体广告展现了泛传播的特征，为广告的销售提供了更多的时空资源，能够有效突破空间的限制，提高最大化的渗透力和影响力，形成了网格化的传播格局。移动社交媒体广告展现了互动亲密性的特点，能够以消费者为中心，为企业的发展提供了很好的互动性，不仅可以吸引更多的消费者，也有利于品牌的构建和实施。在以消费者为中心、无形的理念下，能够完成有效的品牌形象传播,缩小了消费者和企业品牌之间的距离。

第二节 移动社交媒体级联失效模型和鲁棒性测量方法

当社交媒体平台投放的移动社交媒体广告经过多层路径流向消费者过程中,广告信号随传播层级的递增而不断增强,信号的传播呈现级联放大和反馈效应。移动社交媒体广告的级联放大效应使广告信号的传播覆盖程度随着复杂网络层级的增加而逐步扩大,而反馈的结果导致网络信号呈现逆向的动态整合效应:每一层网络信号都会反向流向原有的网络层级,并适度降低信号强度,最终影响网络信号传播的有效性。当网络承载功能在多层流向消费者过程中降低或失去原有效果时,称其为级联失效。这种关键节点的存在使网络信号对意外故障有强大的承受能力,但面对协同性攻击时则显得脆弱。目前,对复杂网络鲁棒性研究关注于其抗毁性传播。一般而言,毁坏复杂网络的结构和功能主要包括两种方式:蓄意传播破坏和随机传播障碍。这就涉及了对复杂网络的动力学过程进行分析,判断系统的状态输出如何趋同进而完全相等(同步)。

一、复杂网络的同步效应

在满足一定的网络系统传播条件下,在耦合的影响下,系统的状态输出会逐渐趋同进而完全相等,称为同步(精确同步)。以完全同步为例,假设连续时间耗散耦合动态网络中有 N 个相同的节点。

单个节点满足的状态方程是:

$$\frac{dx_i}{dt} = f(x) \tag{6-10}$$

多个节点的耦合动态网络中,x_i 的状态方程是:

$$\frac{dx_i}{dt} = f(x_i) - \sigma \sum_{j=1}^{N} l_{ij} H(x_j) \quad i = 1,2,\cdots,N \tag{6-11}$$

其中,$x_i = (x(1)_i, x(2)_i, \cdots, x(n)_i) \in R^n$ 为节点 i 的状态变量;常数 $\sigma > 0$

是网络的耦合强度；H：$R^n \to R^n$ 是各个节点之间的耦合函数，其也称为节点的输出函数，假定各节点的输出函数是相同的；耦合矩阵 $L = (l_{ij}) \in R^{N \times N}$ 表示网络的拓扑结构，满足耦合条件 $\sum_j a_{ij} = 0$。在图论中，耦合矩阵 L 称为图的拉普拉斯矩阵。假设网络是连通的，L 是一个不可约矩阵。当 $t \to \infty$ 时，如果有 $x_1(t) \to x_2(t) \cdots, \to x_N(t) \to s(t)$，则称为网络达到完全同步。这里，$x_1 = x_2 = \cdots = x_n$ 成为网络状态空间中的同步流形，当同步实现后，记其结果为：$x_1(t) \to x_2(t) \cdots \to x_N(t) \to s(t)$，这里 s(t) 称为同步状态。当面对随机故障和恶意攻击时，局域世界演化网络的同步鲁棒性和脆弱性也就介于无标度网络和指数网络之间。这就需要对级联失效过程进行分析。

二、级联失效模型

（一）蓄意传播破坏

外界环境某一要素对移动社交媒体广告传播过程中的重要传播节点进行恶意攻击，致使节点丧失或部分丧失相关的信息传递功能，并导致层级信息传播障碍。结合杨剑军等对鲁棒性的研究，本书考察了蓄意攻击或诋毁对移动社交媒体广告传播的影响，分析该网络的承载功能是否能正常进行。以经管类图书《货币战争》为例，在亚马逊网站上的图书详情中有：编辑推荐、媒体推荐、作者简介、目录、序言、后记、文摘。读者评价 4 颗星。在传播过程中，有受众尖锐指出"经济学不是廉价阴谋小说"，而在豆瓣读书上的评价仅为 7.3 分，受众负面评价较多，如"书一般，想吸引门外汉的眼球，真正的内行人看了也就一笑了之。其实书中的论点一点也不新鲜，……作者只是对相关经济现象进行描述，而未对内容作出实质性的定量分析。而且更可笑的是书中的很多论据非常不扎实，推理不严谨，想当然的人物心理描写和引言比比皆是，实在难以令人信服。"这些负面评价的结果，导致该移动社交媒体广告传播受到很大限制，该图书也受到读者的冷遇。

（二）随机传播障碍

随机选择移动社交媒体广告形成的任意节点，因为节点自身的故障而导致网络传播失效。本书考察了移动社交媒体广告在传播过程中由于自身原因导致传播出现障碍，考察网络承载功能是否正常进行。以国内第一本精神病人访谈手记《天才在左，疯子在右》为例，它在全球最大的中文网上书店当当网上的销售情况并不理想，商品评论还不到10条。该书在当当上的商品详情为目录、作者介绍、内容介绍、编辑推荐、媒体评论、在线试读，并且全部都是纯文字的介绍。而同期亚马逊在推荐这本图书时就增加了对作者高铭的视频专访；在天猫书城则除了视频外，还增添了陈乔恩在真人秀节目中大力推荐的视频截图，以及平面广告和改编成电视剧之后的剧照和海报。虽然图书传播过程都依次为"网络接触——媒介印象——受众"，但由于该图书并未真正挖掘自身的卖点，在当当网上的移动社交媒体广告也并未从试听等多媒体角度来吸引受众的关注，因此，传播效率不高，图书在传播过程中也未得到读者的有效反馈，导致其销量远远落后于其他图书网站。

通过分析两种类型的级联失效模型，进一步考虑了移除的网络节点数量变化、节点信息变化以及网络节点容量值变化对鲁棒性的影响。结果发现：

（1）当移动社交媒体广告所在的复杂网络节点移除数量逐步增加时，其鲁棒性则呈现反方向变化，并且下降的速率与网络的广度参数呈正比关系，即广度参数越大，下降速率越大，传播效率越受影响。这表明，鲁棒性的下降速率在不同的攻击模式下有所差异，其中，随机攻击对鲁棒性的下降影响较少，而蓄意攻击则严重影响到移动社交媒体广告所在的复杂网络稳定性和传播效率。这提示我们应当防范针对移动社交媒体广告传播的蓄意攻击。

（2）节点信息与复杂网络的鲁棒性密切相关，对部分节点信息予以隐藏，在较大程度上避免了节点的暴露风险，避免该网络受到外部攻击，有利于提高复杂网络的鲁棒性。相反，如果部分关键节点信息予以暴露，则该网络较为脆弱，其鲁棒性将显著性下降。在移动社交媒体广告传播形成的复杂网络中，信息传播涉及企业、中间商、图书购买客户等不同节点，受限于成本和技术手段等，企业难以针对所有节点进行完全信息保护，而对关键节点的保护则有效提高了复杂网络的鲁棒性，其广告信息的传播效率和传播质量将得以显著提升。这提示：企业应当对移动社交媒体广告传播的重要节点进行相应的保护。

（3）当网络节点容量值较小时，节点级联失效严重；当网络节点容量值较大时，节点的信息储备能力和传播能力有所提高，鲁棒性的增强使复杂网络的局部容错能力随之增强，从而能有效应对级联失效带来的问题。然而，当网络节点容量极大时，虽然局部容错能力随之增强，但节点间的传播效率有所下降，使网络整体的鲁棒性并未得到显著增强。这表明在移动社交媒体广告传播过程中不能一味追求过高的传播节点，相反，应当在一定范围内控制节点数量。这提示我们应当控制移动社交媒体广告的传播节点的规模数。

（三）移动社交网络级联失效的过程

事实上，由于移动社交媒体广告信息在网络传播中是随着网络层级的递增而放大，故移动社交媒体广告传播的失效并非直接呈现，而是受到网络的缓冲效应，逐步显现出来。我们利用 Matlab 2012b 软件对移动社交媒体广告传播过程进行仿真模拟：对移动社交媒体广告的网络样本所接受的蓄意传播破坏和自身传播障碍等进行了模拟分析，运用随机等概率抽样法，选择一个节点作为初始节点，随后将该节点及其与该节点链接的边删除以验证该移动社交媒体广告网络的信息传播效能，即鲁棒性的变化。类似地，再随机抽取相关节点并重复验证模拟不同外部环境对该移动社交媒体广告网络的攻击。在分析网络节点受到影响时的网络传播效率变化，结果发现，移动社交媒体广告的级联失效过程包括以下三个阶段。

1. 稳定工作阶段

移动社交媒体广告的传播虽然受到来自网络某个节点处的攻击，但整个网络的功能保持正常，各个部分都在其工作负载范围内正常运行，呈现较强的鲁棒性，并未凸显出具体问题。由于稳定工作阶段的出现，因此移动社交媒体广告传播在遇到问题时往往难以及时发现。故在移动社交媒体广告传播过程中应及时分析网络节点的传播效率，如在 2016 年 7 月热播《幻城》电视剧时再版的《幻城》小说，其在网络的短评、读者反馈并未随电视剧的热播而显著增加，就表明相关的移动社交媒体广告传播效率并未显著性增强，这就需要图书出版商及时调整移动社交媒体广告策略，提高其传播效率。

2. 负载传播阶段

当移动社交媒体广告的某个传播实体受到外部攻击时（如移动社交媒体

广告的内容或形象受到传播个体的针对性负面评论时），通往新节点的信息必须重新选择传播路径，这种信息分流会对移动社交媒体广告传播路径产生负面影响。一般而言，节点的信息处理能力应当与信息总量相适应。如果某一节点的信息处理能力低于信息总量时，该节点的传播功效将受到抑制，甚至导致该节点失去相应的传播能力，而多余的信息量也只能通过其他节点予以传播。这一过程往往呈现突发性、短时性，爆发力强，在很短的时间内就达到传播效应的顶点。这一阶段相比其他阶段，移动社交媒体广告的信号传递效率和传递质量发生了巨大变化，是复杂网络的鲁棒性变化的最重要阶段，这就要求移动社交媒体广告发布时及时发现信号负载问题所在，及时处理以避免广告信号出现"断崖式"下降，最终影响移动社交媒体广告的有效传播。

3. 级联失效阶段

移动社交媒体广告的级联失效与两种传播情况有关：其一，由于传播网络连接障碍，传播主体依次失去效能，复杂网络的信息流通受到严重影响，节点传递信号的能力丧失，最终导致信号传递的终止；其二，网络广告传播失效范围相对有限，一般仅在部分用户层面产生，故该网络最终产生"自组织平衡"。由于图书的生命周期相对较长，虽然移动社交媒体广告的传播导致网络失去一定的工作能力，但图书的销售依然会在很长时期内保持相对稳定的趋势。一旦广告信号进入这一阶段，移动社交媒体广告的传播也将进一步陷入低谷，很难再通过其他手段恢复相应的信号传递。而对移动社交媒体广告发布而言，应当尽可能采取措施延缓移动社交媒体广告传播的失效终结阶段，才能有效提高广告的信号传递。

三、复杂网络的鲁棒性度量方法

在一般的复杂网络中，常用"连通性"指标分析复杂网络的抗外部环境的干扰程度，即将受到随机蓄意攻击或随机故障时的鲁棒性用网络连接属性予以测量。而移动社交媒体广告所在的复杂网络具有人际网络和物理复杂网络的双重特性。因此，为衡量级联失效对整个移动社交媒体广告传播的破坏性，本书用网络效率函数 $E(G)$ 来度量移动社交媒体广告传播的鲁棒性。构建移动社交媒体广告传播的鲁棒性度量模型如下：

$$E(G) = \frac{1}{N(N-1)} \sum_{v_i \neq v_j \in V} \frac{1}{d_{ij}} \quad (6-12)$$

其中，参数 N 定义为复杂网络的节点数量；参数 d_{ij} 代表节点 i 和节点 j 间移动社交媒体广告的传播距离。因变量 E(G) 表示所有移动社交媒体广告传播过程延时的平均值。故由该模型可知，网络传播效率和节点数目以及广告节点间的传播距离成反比。这实质上反映了移动社交媒体广告的传播效率依托于复杂网络各相应节点，并与网络间距离和其承载内容有关。

根据网络自身的承载内容差异，可以将复杂网络的鲁棒性分为静态鲁棒性和动态鲁棒性。

（一）静态鲁棒性

在移动社交媒体广告向受众的传播过程中，如果将某些相关节点从网络中予以删除，该传播网络不需要对广告信息流重新分配，并且原有的网络功能未受到显著性影响，则该网络具有静态鲁棒性。静态鲁棒性实质上反映了某些移动社交媒体广告自身具有较强的容错性，这类移动社交媒体广告承载内容抵御外部风险能力较强，受到外界环境影响很小。例如，通过社交媒体广告进行图书销售时，静态鲁棒性往往显示的是受外界影响图书销售的变化，一般宣传的是读者群相对固定、图书销量变化不大的一类图书，如诗歌集、散文、文艺类图书等。

（二）动态鲁棒性

当移动社交媒体广告在传播过程中，如果删除了某些节点，该网络需要对广告信息进行重新分配，经过动态平衡后，网络的基本功能仍然得到维持，则表明该网络具有动态鲁棒性。动态鲁棒性实质上反映了移动社交媒体广告在传播中的动态级联特性。例如，通过社交媒体广告进行图书销售时，这类移动社交媒体广告一般宣传的则是读者群变化较大、图书销售量与读者口碑密切结合的一类图书，如畅销小说类。此时，更需要采取必要的广告传播策略加强对重要节点的优化，避免移动社交媒体广告的级联失效造成的负面影响。

四、移动社交网络传播过程结论

本书基于复杂网络的视角首先分析了移动社交媒体广告传播特性，研究表明，网络传播的广告信号在一定程度上反映了人际关系和社会交互的时空特性；移动社交媒体广告的受众，可全方位地了解产品更为详尽的信息，并通过在线试读、书摘与插画、编辑推荐广告语等，随时分享接收到广告后的感受，并对该信号传播进行主动参与，这种参与行为是影响复杂网络信号传播的一种不确定因素，影响了网络的稳定性——鲁棒性。随后，对移动社交媒体广告传播过程的鲁棒性问题进行了研究，移动社交媒体广告传播过程中由于某个节点失效，其他广告信息传播节点将可能受到影响。本书通过构建基于复杂网络的节点级联失效模型及其失效的不同阶段对网络图书销售的影响，利用网络效率函数给出移动社交媒体广告传播所在网络鲁棒性的度量方法，阐明了静态鲁棒性和动态鲁棒性的区别。

研究表明：在移动社交媒体广告形成的复杂网络中，针对所有节点进行保护将加大企业的额外开支，且对网络鲁棒性影响程度有限。相反，某些重要节点的信息保护则对广告传播效率和传播质量起促进作用，对网络鲁棒性至关重要。即需要对重点人群的传播加强监管力度，并同时对重要节点的宣传采取增强策略，但是这种增强策略需要进行优化以避免网络级联失效。总之，本书对移动社交媒体广告的鲁棒性的度量和分析提供了一种新的研究思路，通过构建网络级联失效模型和鲁棒性度量模型，阐明了移动社交媒体广告传播过程可能遇到的潜在风险及其应对措施，未来将通过定量分析和定性分析相结合的方法进一步研究鲁棒性的具体变化值对移动社交媒体广告传播的影响，深入研究移动社交媒体广告的传播机制。

第七章 大数据背景下移动社交媒体隐私悖论模型构建

随着社会发展全面进入移动互联网时代,以人与人交互为基础的移动社交媒体,如 Facebook、微信、抖音等的广泛应用,进一步提升了社交媒体平台的社会影响力和商业价值。通过和广大用户的互动,移动社交媒体平台海量的大数据不可避免:一方面,大数据的出现有利于移动社交媒体企业利用相关的数据向社交媒体用户提供更加优质的服务,通过构建多元化的互动体验和场景,最终实现移动社交媒体企业巨大的商业价值;另一方面,由于大数据对广大用户的共享,社交媒体平台在构建商业价值的同时,移动用户的隐私问题成为企业必须解决的关键性问题。利用数据和防范隐私成为企业面临的"两难"问题,如何在保护用户隐私的同时有效提升数据的效用,成为企业需要解决的关键。显然,移动社交媒体平台利用用户进行信息传播、商业服务,并且和用户资源价值共同协作开发更高的平台商业价值。这就是典型的基于价值共创的移动社交媒体平台属性。一方面,移动社交媒体企业、用户和其他利益相关者多方共同参与,企业为用户提供平台和情感体验的机会;另一方面,用户对企业来说,不仅仅是产品的使用者和消费的体验者,更是建构社会商业价值体系的成员。在这一体系之中,企业和相关利益者必须通过有效合作,整合彼此资源实施价值创造,共享价值创造的利益。从移动社交媒体企业角度,需要利用消费者的相关数据为企业互动并创造价值;从消费者角度来看,消费者通过和移动社交媒体企业接触,提出自身对隐私数据的泄露风险的担忧诉求,间接地参与移动社交媒体企业的价值创造过程,将移动社交媒体数据的潜在价值转变为现实价值。这一问题可以等价于:比较不同隐私保护机制下如何最大化企业的效用。本章通过构建隐私博弈模型分析移动社交媒体企业在不同隐私保护程度下的企业效用或企业利润情况。

第一节　大数据背景下移动社交媒体隐私悖论模型

移动社交媒体平台企业拥有大量的数据。一方面，大数据的出现使人们有机会能够通过技术来增加对人类社会各方面的认知；另一方面，数据的使用和共享也使个体或者团体的隐私信息都有泄露的风险。现有的隐私保护技术主要是在数据公布之前，经过必要的隐私保护机制的脱敏处理，确保一定程度的隐私保证，避免敏感信息的泄露。然而，这些隐私保护机制在保护用户隐私的同时，都不可避免地造成了数据效用的降低。为此，隐私保护最重要的挑战之一就是研究隐私和效用之间的均衡，即在一定隐私要求的约束下，如何使企业数据效用达到最大化。为此，本章重点分析不同隐私保护机制下的数据效用。

一、隐私博弈模型

假设存在一个有限博弈 $G=(N,S,U)$ 主要包含如下三个部分：

其一，参与人（即数据发布者）的有限集合 $N=\{1,2,\cdots,n\}$；

其二，对于每个参与人 i 的有限的策略空间 S_i；

其三，针对每个策略向量 $s \in S = S_1 \times S_2 \times \cdots S_n$ 的收益函数 $u_i(s) \to R^+$，以及 $U=\{u_1,u_2,\cdots,u_n\}$。

在这一博弈过程中，假设每个参与人 i 都使用大数据匿名机制来匿名处理他们各自的数据集 D_i。假设 D 是所有数据集 $D_i(i=1,2,\cdots,n)$ 的集合。参与人 i 的策略空间 S_i 成为隐私参数 $\varepsilon_i \in R^+$ 的集合。相应地，参与人 i 的策略 $s_i \in S_i$ 等于 ε_i。

对于每个参与人 i，其收益包含两个部分，即被匿名处理后的正向效用 $U_i(s)$ 和由于隐私泄露造成的负向效用 $L_i(s)$，即效用损失。因此，最终参与人 i 的综合效用为：

$$u_i(s) = U_i(s) - L_i(s) \tag{7-1}$$

第七章 大数据背景下移动社交媒体隐私悖论模型构建

假设对于每个参与人 i，隐私的估值和每个人的隐私函数 s_i^2 呈正比关系，即：

$$L_i(s_i) = k s_i^2 u_i \tag{7-2}$$

其中，$u_i \geqslant 0$ 是参与人 i 的隐私价值的定义。

$$u_i(s) = U_i(s) - k s_i^2 u_i M\left(1 + \frac{(n-1)s_i^2 g_i}{f_i}\right) \tag{7-3}$$

而使用了移动社交媒体数据产生的效用可以定义为：

$$U_i(s) = \alpha_1 \ln(\lambda s_i^2 + \alpha_2) + \alpha_3 \tag{7-4}$$

其中，α_1 表示移动社交媒体数据开放广度，α_2 表示移动社交媒体数据开放深度，α_3 表示移动社交媒体数据开放范围。λ 表示移动社交媒体某个参与人 i 相关的复杂网络连接系数。根据此模型，对于移动社交媒体隐私程度不仅仅是依赖于其自身的隐私参数的选择，也依赖于其相互关联的数据集的隐私参数。当移动社交媒体用户大量参与数据的使用、反馈时，用户间的隐私信息受到很大的影响，从而影响整个系统的效用。

因此，参与人 i 的隐私价值可以表示为：

$$u_i(s) = \alpha_1 \ln(\lambda s_i^2 + \alpha_2) + \alpha_3 - k s_i^2 u_i M\left(1 + \frac{(n-1)s_i^2 g_i}{f_i}\right) \tag{7-5}$$

根据此模型，当 $\frac{\partial u_i(s)}{\partial s} = 0$ 时，$\frac{\partial^2 u_i(s)}{\partial s^2} < 0$，参与人 i 的隐私价值达到最大。而在纳什均衡状态下，纯均衡状态取决于参与人和它的邻居 j，即移动社交媒体用户隐私价值取决于用户和其周边邻居的连接关系。当数据开放深度、开放范围和开放广度达到一定阈值时，用户的隐私价值最大。

二、隐私悖论模型的理论意义

移动社交媒体信息传播的主体是用户本人。在信息传播的过程中，由于社交媒体的低门槛和零过滤机制，社会失范行为很多。例如，2015 年 7 月 14 日的"优衣库"视频事件，最初是由于用户主动传播个人隐私信息，最终在他人进行二次传播时造成了更大范围的不可控性，最终产生了恶劣的社会影响。隐私悖论的关键在于用户既是隐私信息的公开者，乐于在社交平台展示自我；

同时，又是隐私信息的担忧者，这种隐私态度和分享行为之间的矛盾即为"隐私悖论"。而移动社交媒体所形成的庞大社交网络，进一步将信息传播、共享、搜索等扩展和泛化，使隐私悖论现象进一步扩展。最终，使每个人都面临这样的悖论模式。

根据此隐私悖论模型，移动社交媒体数据开放时的隐私程度不仅仅依赖于自身的隐私参数的选择，同样依赖于其相互关联的数据集的隐私参数。移动社交媒体企业为了获得更好的数据使用效果，必须保证利用一定的隐私数据从而获得企业最大的效益，然而，随着隐私数据的过度获取，整个系统的效用效率下降，特别是当使用了与消费者密切相关的其他关联用户的数据越多，则整体效用下降幅度更快。这是由于：一方面，有效的数据利用能够给企业带来必要的利润；另一方面，不必要的数据利用提高了企业的数据获取成本。特别是随着数据利用过高时用户对企业数据获取的真实性下降，社交媒体企业需要花费更多的成本甄选出有效的数据。而数据利用过高也在客观上提升了企业的数据获取成本，使消费者对企业的相关传播行为进行屏蔽等，进一步降低了消费者的效用，也进一步降低了复杂网络的传输效率。总之，移动社交媒体的数据开放应当与数据保护呈动态均衡状态。数据的开放是有一定限度的，要确保移动社交媒体企业正常的营销活动和数据关联活动，从而能够为消费者提供更加优质的网络服务。在数据开放过程中也要加强用户的隐私保护。防止对用户数据特别是隐私数据的过度解读，损害用户的效益。这就需要对用户之间的关联设定必要的限制，提升关联的门槛效益，避免用户的隐私数据轻易被第三方泄露或被企业过度使用。

第二节 基于直觉模糊的隐私等级分析

移动社交媒体数据泄露的风险很多，包括社交媒体自身的行为、外部环境行为、移动社交媒体用户的活动等。第一，大数据背景下，用户和用户之间的互动可能造成数据泄露风险。例如，用户不自觉地泄露自己的位置信息或者个人身份信息等，这些泄露的信息可能会被第三方企业或其他机构获得。第二，移动社交媒体数据存储过程中发生了泄露风险。由于用户的数据分别存储在不同的结构中,用户在更新或存储时产生了信息的泄露或者遭受到网络黑客的攻击等,相关的数据可能造成损失。第三,大数据背景下,企业对数据的过度使用造成隐私风险的问题。移动社交媒体数据的价值在于使用和分享,而使用和分享的过程将使原有的静态数据变成动态数据,这就造成数据的安全风险。这就需要重构移动社交媒体中"企业—用户—政府"三方的关系,推出以用户行为为核心的信息安全风险感知平台,通过对数据安全或隐私进行有效的综合分析。通过对数据泄露风险进行综合评价,从而确定哪些数据应该进行有效防护,哪些数据可以不用防护。本章提出采用风险直觉模糊模型来提升数据安全风险防范。

一、基于风险直觉模型的数据风险防范模型

1. 构建风险直觉模糊模型

根据直觉模糊相关定义,如下:

定义7-1:设 $X = \{X_1, X_2, X_3, \cdots, X_n\}$ 为非空有限集,则称 $A = \{<x, u_A(x), v_A(x)> | x \in X\}$ 是 X 上的一个直觉模糊集,其中 $u_A(x)$ 和 $v_A(x)$ 分别为元素 x 属于 X 的隶属度和非隶属度。显然存在:

$$u_A : X \to [0,1], x \in X \to u_A(x) \in [0,1] \tag{7-6}$$

$$v_A : X \to [0,1], x \in X \to v_A(x) \in [0,1] \tag{7-7}$$

且满足条件:$0 \leq u_A(x) + v_A(x) \leq 1, x \in X$。

此外,$\pi_A(x) = 1 - u_A(x) - v_A(x)$,$x \in X$ 表示元素 x 属于 A 的犹豫度或不确定度。如果 $\pi_A(x) = 0$,则 $u_A(x) + v_A(x) = 1$,此时集合 A 退化为 Zadeh 的模糊集(Scmidt and Kacprzyk,2000)。

2. 构建直觉模糊判断矩阵

定义7-2:设评价指标集合为 A,$A = (a_1, a_2, \cdots, a_n)$,两两比较指标 a_1,$a_2, \cdots, a_n$ 的相对重要性程度,得到直觉判断矩阵 $E = (a_{ij}^{(k)})_{n \times n}$。其中,$a_{ij} = (u_{ij}, v_{ij})(1, 2, \cdots, n)$;$u_{ij}$、$v_{ij}$ 分别表示专家将指标 a_i 和 a_j 两两对比时所给的相对重要性程度,$1 - u_{ij} - v_{ij}$ 是专家决策的犹豫度。如果满足 $u_{ij} \in [0,1]$、$v_{ij} \in [0,1]$、$u_{ij} = v_{ji}$、$u_{ji} = v_{ij}$、$u_{ii} = v_{ii} = 0.5$、$u_{ij} + v_{ij} \leq 1(i, j = 1, 2, \cdots, n)$,则称 E

为直觉互补判断矩阵。为了表明指标的相对重要程度并进行定量的描述,定向指标的相对重要程度的表示如表 7-1 所示。

表 7-1　　　　　　　　　指标相对重要性程度标度

指标重要性说明	直觉模糊度
因素 i 与因素 j 相比极端重要	(0.90, 0.10, 0.00)
因素 i 与因素 j 相比重要很多	(0.80, 0.10, 0.10)
因素 i 与因素 j 相比明显重要	(0.70, 0.20, 0.10)
因素 i 与因素 j 相比略微重要	(0.60, 0.30, 0.10)
因素 j 与因素 i 相比同等重要	(0.50, 0.50, 0.00)
因素 j 与因素 i 相比稍微重要	(0.30, 0.60, 0.10)
因素 j 与因素 i 相比明显重要	(0.20, 0.70, 0.10)
因素 j 与因素 i 相比重要很多	(0.10, 0.80, 0.10)
因素 j 与因素 i 相比极端重要	(0.10, 0.90, 0.00)

检验直觉模糊互补判断矩阵的一致性。本章提出运用直觉模糊层次分析法确定指标权重依然无法避免人为决策的主观性,为使决策更具民主性和科学性,本章采用群决策模型,即邀请多位专家对各指标关于上层目标层的重要性进行两两比较,从而建立直觉互补判断矩阵。综合各位专家的意见,对群决策下的直觉互补判断矩阵进行一致性检验。

定义 7-3:设 $\alpha_1 = (\mu_{\alpha_1}, v_{\alpha_1})$ 和 $\alpha_2 = (\mu_{\alpha_2}, v_{\alpha_2})$ 是直觉模糊数,$\bar{\alpha}_2 = (\mu_{\alpha_2}, v_{\alpha_2})$ 是 α_2 的补集,λ 为大于等于零的实数,α_1 和 α_2 的标准 Hamming 距离与相似度公式分别为:$d(\alpha_1, \alpha_2) = \frac{1}{2}(|\mu_{\alpha_1} - \mu_{\alpha_2}| + |v_{\alpha_1} - v_{\alpha_2}|)$。

$$\eta(\alpha_1, \alpha_2) = \begin{cases} 0.5 & \alpha_1 = \alpha_2 = \bar{\alpha}_2 \\ \frac{d(\alpha_1, \bar{\alpha}_2)}{d(\alpha_1, \alpha_2) + d(\alpha_1, \bar{\alpha}_2)}, & \text{其他} \end{cases} \quad (7-8)$$

定义 7-4:设 $Q_k = (q_{ij}^{(k)})_{n \times n} (k = 1, 2, \cdots, l)$ 为专家 $e_k(1, 2, \cdots, l)$ 给出的直觉模糊互补判断矩阵,其中 $q_{ij}^{(k)} = (u_{ij}^{(k)}, v_{ij}^{(k)})(i, j = 1, 2 \cdots, n; k = 1, 2, \cdots, l)$,$Q = (q_{ij}^{(k)})_{n \times n} (k = 1, 2, \cdots, l)$ 的集成记作 $Q = (q_{ij})_{n \times n}$。其中,$q_{ij} = (u_{ij}, v_{ij})$;$u_{ij} = \sum_{k=1}^{l} \theta_k u_{ij}^{(k)}$;$v_{ij} = \sum_{k=1}^{l} \theta_k v_{ij}^{(k)}$;$u_{ij} = v_{ji} = 0.5(i, j = 1, 2, \cdots, n)$;$\theta_1, \theta_2, \cdots, \theta_k$ 为 k 个专家的评价权重。

则 Q_k 与 Q 的相似度公式是：$\eta(Q_k, Q) = \frac{1}{n^2} \sum_{i=1}^{m} \sum_{j=1}^{m} \eta(q_{ij}^k, q_{ij})$。若 $\eta(Q_k, Q) > 0.5$，则 Q_k 与 Q 符合一致性。

3. 确定指标的权重值

（1）一级指标权重的确定。

定义 7-5：设 $\alpha = (\mu_\alpha, v_\alpha)$ 是直觉模糊数，$\mu_\alpha \in [0,1]$，$v_\alpha \in [0,1]$，$\mu_\alpha + v_\alpha \leq 1$。为使权重的计算更加简便，可以把直觉模糊判断矩阵转换为直觉模糊数，转换公式为：

$$(\omega^{(1)})^T = [\omega_1^k, \cdots, \omega_n^k] = \left[\frac{\sum_{j=1}^{n} \alpha_{1j}^{(k)}}{\sum_{i=1}^{n}\sum_{j=1}^{n} \alpha_{ij}^{(k)}}, \cdots, \frac{\sum_{j=1}^{n} \alpha_{nj}^{(k)}}{\sum_{i=1}^{n}\sum_{j=1}^{n} \alpha_{ij}^{(k)}} \right]$$

$$= \left[\left(\frac{\sum_{j=1}^{n} u_{1j}^{(k)}}{\sum_{i=1}^{n}\sum_{j=1}^{n} u_{ij}^{(k)}}, \frac{\sum_{j=1}^{n} v_{1j}^{(k)}}{\sum_{i=1}^{n}\sum_{j=1}^{n} v_{ij}^{(k)}} \right), \cdots, \left(\frac{\sum_{j=1}^{n} u_{nj}^{(k)}}{\sum_{i=1}^{n}\sum_{j=1}^{n} u_{ij}^{(k)}}, \frac{\sum_{j=1}^{n} v_{nj}^{(k)}}{\sum_{i=1}^{n}\sum_{j=1}^{n} v_{ij}^{(k)}} \right) \right]$$

定义 7-6：设 $\xi_1, \xi_2, \cdots, \xi_k$ 为 s 个专家的评价权重，则加权直觉模糊数的公式为：

$$\theta^T = (\theta_1, \theta_2, \cdots, \theta_k) = (\xi_1, \xi_2, \cdots, \xi_s) \begin{bmatrix} \delta_1^{(1)} \delta_2^{(1)}, \cdots, \delta_n^{(1)} \\ \delta_1^{(2)} \delta_2^{(2)}, \cdots, \delta_n^{(2)} \\ \delta_1^{(s)} \delta_2^{(s)}, \cdots, \delta_n^{(s)} \end{bmatrix} = \left[\sum_{k=1}^{s} \xi_s \delta_1^{(k)}, \sum_{k=1}^{s} \xi_s \delta_2^{(k)}, \cdots, \sum_{k=1}^{s} \xi_s \delta_s^{(k)} \right] \quad (7-9)$$

即可计算一级指标权重，公式是：$H(\theta_i) = \frac{1-v_i}{2-u_i-v_i}$；经归一化得到：$\sigma_i = \frac{H(\theta_i)}{\sum_{j=1}^{n} H(\theta_i)}, i = 1, 2, \cdots, n$。

（2）二级指标权重的确定。

定义 7-7：设专家 $s_k(1, 2, \cdots, l)$ 对二级指标 b_i 和 b_j 相对于一级指标 E（$E = 1, 2, \cdots, n$）的直觉模糊判断矩阵是：

$$B_A^{(k)} = (b_{Eij}^{(k)})_{m \times m}, b_{Eij}^{(k)} = (u_{Eij}^{(k)}, v_{Eij}^{(k)}) \quad (7-10)$$

其中，i, j = 1, 2, ···, m；k = 1, 2, ···, l；E = 1, 2, ···, n。$u_{Eij}^{(k)}$ 和

$v_{Eij}^{(k)}$ 分别表示专家 $s_k(1,2,\cdots,l)$ 对二级指标 b_i 和 b_j 相互对比的重要程度,通过计算可以得到专家对二级指标的评价权重。对一级指标权重相对的二级指标权重进行综合加权:$\delta^{(2)} = (\delta^{(1)})^T \delta$,得到二级指标的综合权重。

4. 直觉模糊综合评价法

计算出每个移动社交媒体隐私风险因素的权重后,需要对风险作出最终评价,由于评价指标很多是定性指标,本章拟采用模糊综合评价法,其基本思想是运用模糊集理论对待评估对象进行综合评价。设其模型为:$X = \delta \times M$。其中,X 为综合评价向量,δ 为根据直觉模糊层次分析法所求的指标权重向量,M 为评价指标矩阵。其具体评价过程表示为:

(1) 确定评价等级集合,设置每个等级的相应得分值,分值表示该等级在质量评估中的重要性。

(2) 确定评价矩阵,即专家确定各指标的在各个评价等级中所占比重。记评估对象的评价矩阵为:$M = \begin{Bmatrix} e_{11}, & e_{12}, & \cdots, & e_{1m} \\ e_{21}, & e_{22}, & \cdots, & e_{2m} \\ e_{n1}, & e_{n2}, & \cdots, & e_{nm} \end{Bmatrix}$。其中,$e_{kj}(j=1,2,\cdots,m;k=1,2,\cdots,n)$ 表示一件待评估专利在指标 $m_i(i=1,2,\cdots,n)$ 上隶属于第 m 等级所占比重,$\sum_{j=1}^{m} e_{kj} = 1$。

(3) 综合评价向量。运用公式 $X = \delta \times M = \{X_1, X_2, \cdots, X_m\}$ 得到综合评价向量 X。

(4) 计算每一位专家对隐私风险的最终综合得分:$S = V \times X^T$。

(5) 综合各位专家对数据开放的评分:$P = (\xi_1 \xi_2, \cdots, \xi_l)(S_1 S_2, \cdots, S_l)^T$。其中,$\xi_l$ 表示专家权重,S_i 表示对应专家的综合评分。

从该模型可知,移动社交媒体数据风险主要包括:(1) 个人信息的利用,即个人利用发布到社交媒体或者通过信息传递应用程序共享的个人信息;(2) 数据采集,即社交媒体和消息传递应用程序包括微信、抖音、Facebook 等通过收集大量数据作为其商业模式的一部分,这些数据的内容超过了用户可以承受的范围;(3) 网络监管不力,一些有隐私信息的网站存在漏洞,被黑客利用,大量的个人信息遭到泄露;(4) 接触到个人隐私信息的从业人员缺乏职业道德、触犯法律主动泄露的,如主动倒卖相关信息,造成客户个人隐私泄露等；（5）其他类型，如用户自身在上网过程中，自己泄露了相关的个人隐私信息，如真实姓名、电话、住址等。这些风险的等级不同，但每个风险都可能带来致命的后果。本书最终发现个人信息的自我传播风险最大，其次是数据采集和网络监管等。

二、移动社交媒体数据泄露风险指标

企业在进行移动社交媒体营销时，用户分享的内容中75%是基于图片的，只有25%是基于视频的。而他人的原创内容往往包括专家撰写的文章或者网红分享的相关帖子。为此，需要深入了解移动社交媒体品牌所面临的衡量指标，特别是针对移动社交媒体的风险需要进行量化分析评估。首先，要评估与移动社交媒体生成的与媒体有关的数据以及该数据对合规性问题的敏感性，包括数据拥有者、数据存储类型、数据安全协议等；其次，对移动社交媒体相关数据进行分类，检查其敏感性。这些数据涵盖了公共数据，包括社交媒体平台、网站、搜索引擎等可以用的信息；此外，应当区分移动社交媒体使用过程中的一些私人数据。这些私人数据是一种相对低风险情况、受限制的数据，只有用户自身可以修改和使用这些数据。具体的风险评估包括以下指标。

1. 社交媒体的触及率

触及率是指用户在利用移动社交媒体进行营销活动时，内容如何在社交媒体上传播，有多少人在利用社交媒体进行产品推广，以及多少用户对该用户推广的产品感兴趣即通过移动社交媒体对该产品感兴趣的用户比例。

2. 用户的情绪指数

情绪指数是指当使用移动社交媒体平台进行新媒体广告投放时，需要及时了解社交媒体使用者的情绪问题，从而了解该品牌哪些活动是正面的，哪些活动是负面的或是中性的。如果相关活动是负面活动，则需要对其中出现的问题或产品出现的问题和功能进行及时的改正；如果是正面的，则表明利用移动社交媒体进行传播的广告营销相对比较成功。

3. 移动社交媒体用户的互动频率

互动频率是指在进行移动社交媒体平台监测时，有效的用户互动次数成为重要的指标。为了取得社交媒体的成功，社交媒体的内容需要激发讨论并吸引用户参与某种形式的互动。包括相关话题中的评论、点赞、分享和转载的比例越高，则广告营销的曝光机会也越多。

4. 移动社交媒体回报率

在进行社交媒体监测分析中，社交媒体投入和产出的关系成为需要研究的重要指标。其中，衡量社交媒体营销活动和这些活动的总投资（包括金钱、时间和精力）相比所带来的收益成为分析移动社交媒体投入产出的最重要指标。通过了解移动社交媒体投资的具体回报，从而有利于移动社交媒体企业加强对移动社交媒体的监测分析。

三、隐私防止泄露的相关结论

移动社交媒体用户的隐私泄露因素是多种多样的。然而，只要将个人信息暴露在公共空间中，就有被泄露的可能性，相较于个人隐私被平台或他人进行二次传播所带来的不可控性和网络技术、法律法规等外在控制力。对外部数据的管理和约束是必须的，然而，这种约束更需要内部用户的自我控制。因为，隐私安全问题归根结底是由于社交媒体用户自身进行信息传播时带来的隐私风险，体现了自我披露和自我控制之间的矛盾。为此，提高用户的自我保护意识和媒介使用的素质成为用户的当务之急。一方面，用户要加强移动社交媒体信息的自我保护，在进行相关信息披露时要对内容进行分级，根据不同级别的内容选择不同的披露方式，特别是对敏感性内容在信息披露时一定要有所节制；另一方面，用户要加强自我信息的管理和控制能力，不仅能够有效降低用户隐私泄露的概率，也是用户数据媒介素养的重要体现。除了对自身信息的控制之外，用户还应当加强对外部风险的管理控制。如用户对外部的相关信息披露要形成一定的隐私担忧，在同其他用户进行信息交流时，应尽量减少数据的披露和开放，从而减少隐私被他人利用的机会。用户要学会法律的保护，一旦用户的相关隐私数据在被利用后遭受损失时，要主动拿起法律的武器进行补救和索赔，防止和规避隐私泄露，做足做好隐私保护的相关防备措施。

第八章　移动社交媒体隐私保护的实证研究

大数据的广泛应用颠覆了当下隐私保护法中以个人为中心的理念。传统时代，数据收集者必须告诉用户收集相关信息用于何种用途，并且在一开始就需要征得个人的同意。但是，在大数据时代，社交媒体企业无法告知个人某些尚未想到的可能的功能，而个人很可能也无法通过这种尚未使用的功能数据。特别是即使作者或某些媒体对隐私主体身份进行了适度的模糊处理，但是通过大数据分析，有关个人的信息依然有可能通过多种渠道进行获得，这种表面的模糊化和大数据下的精确信息提取形成了鲜明的矛盾。除了常见的年龄、收入、入网渠道等基本信息以外，大数据还能显示出用户的上网时间和偏好、浏览内容偏好、应用软件使用时间以及终端品牌、终端类型、终端应用功能和操作系统等。社交网络提供了统一的接口，而微博、微信等则成为了用户数据连接器。媒体企业或第三方企业可以通过碎片化的行为，完全勾勒出相关用户的偏好、性格、私人生活和情感等，最终形成了大数据下的"合成型隐私"。显然，相比传统的"自然型隐私"，合成型隐私更凸显了大数据的精准抓取和信息关联的粘合效应，而自然型隐私则彰显了大数据下的充分信源和信息。在传统媒体下，个人隐私更多的是彰显隐私权形态，而用户则通过碎片化的个体生活实现私人话语的界限模糊，从而将隐私问题转化为社会公众普遍关注的公共话语问题。从权利的属性来看，"凡属于自然人自身私人生活范畴，与公共利益无关的内容皆属于隐私范围，包括私人信息、私人生活、私人空间、身体隐私、生命信息、私人通讯等"。这些都属于隐私保护的范围。

隐私权和个人信息存在一定的边界。一方面，未经公开的许多个人信息属于狭义隐私的范畴，而这种未经公开的私人信息体现了隐私权；另一方面，部分隐私权保护客体也属于个人信息的范畴，尤其是数字化技术的广泛使用能够促进对用户身份的识别，这对个人信息的保护更为有效。而对于个人信息权限的侵害主要表现在未经许可而利用个人信息，或者非法搜集、利用、存储、加工和倒卖个人信息等。根据 Nissenbaum 的"情景脉络完整性理论"，虽然用户利用朋友圈等进行信息分享属于自愿性公开，并不涉及相关的隐私敏感内容。但是如果朋友对其朋友圈进行保存、截图，并未经同意向陌生第三方进行信息传播的这一过程，非自愿性的内容很有可能会牵涉隐私权限的侵犯。显然，这种隐私设置仍然受到外部泄露的风险。移动定位服务所显现的隐私泄露。例如，利用"附近的人"的应用程序，用户可以看到有关附近的人的头像、个人资料等信息，还能精确了解到附近的人的具体距离。个人所在位置不仅可以被泄露给使用者群体，还能泄露给相关后台。此外，某些小程序等也会利用移动社交媒体平台进行信息的获取，进一步加剧了移动社交媒体隐私保护和个人数据利用的矛盾。

移动社交媒体的开放性、匿名性和即时性增加了隐私泄露的风险。第一，信息一旦泄露，可能造成难以估量的损失，并且侵权客体受到侵权后获得救济权难以得以实现；第二，由于侵权行为涉及的复杂技术问题，因而很难界定侵权行为的主体；第三，特别是由于侵权界定时可能采取不同的标准，在某一个国家侵权的情况，在另一个国家可能不构成隐私侵权。

〔案例1〕2021年巴西的一个数据库发生了一起重大泄密事件，数百万人的 CFP 号码以及其他机密信息可能遭到了泄露。泄露的数据包含有1.04亿辆汽车和约4000万家公司的详细信息，受影响的人员数量可能有2.2亿人。

〔案例2〕应用程序 Omiai 最近遭黑客攻击，约170万用户个人数据遭到泄露，遭泄露的数据包括用户身份证、驾照、保险卡和护照信息等。

此外，用户在移动社交媒体晒照片等，也可能遭受到隐私信息"一键泄露"。例如，在典型案例中，由于拍摄内容或泄露隐私涉及一个关键环节是"图像情报分析"，即相关人员往往能够通过照片中的建筑物、标志、角度等各类信息分析出拍摄者的所在位置，有的甚至可以精确到拍摄者所在的具体楼层。基于此，再结合照片文件中自带的拍摄时间戳信息，依旧会导致隐私泄露的情况发生。可见，即使移动互联网平台遵守合规要求，重视用户的隐私安全和数据安全，但是由于用户自身原因导致的个人隐私泄露风险问题依然会存在。因此，深入理解移动社交媒体隐私保护机制，探究隐私保护的具体要求成为需要重点考虑的问题。

第一节 移动社交媒体隐私保护机制研究

随着各类社交网络平台的普及和发展,个人隐私安全问题成为移动社交媒体的重要考虑问题。而作为社交网络重要用户群体的青年,由于使用不当、自我保护意识薄弱等主观和客观原因导致的个人隐私泄露事件更是屡见不鲜。因此,除了针对隐私安全问题进行理论建模之外,更需要深入调查当前网络环境下个人隐私泄露的实际情况,对在社交网络中影响其隐私关注的各个因素进行分析和研究。这样不仅能够促进移动社交媒体平台信息安全体系的构建,而且有利于提升个人用户的隐私安全意识,深入从隐私悖论视角探讨社交网络的隐私安全问题。本章采取问卷调研的方法,调研时间是从 10 月 25 日到 11 月 2 日,针对的对象是使用社交媒体的用户,采用的问卷发放方式是现场发放与网络发放,其中,预实验在 10 月 25 日完成。正式实验是从 10 月 26 日到 11 月 2 日完成的。10 月 25 日到 11 月 2 日发放问卷 452 份,剔除不合格问卷 69 份,合格率 84.7%,剔除原因是完成时间过短(网络答卷时间 <2 分钟)、整份问卷勾选选项皆为同一个等。

一、问卷信效度检验

(一)信度检验

信度是估计测量误差大小的尺度来说明问卷测验结果中测量误差所占的比率,能够反映被测特征的真实程度。我们在考虑本问卷的特点下通过一系列筛选,并使用克朗巴哈系数(Cronbach's alpha)对问卷进行信度 α 分析。

$$\alpha = \frac{K}{K-1}\left(1 - \frac{\sum_{i=1}^{k}\sigma_{\gamma i}^{2}}{\sigma_{X}^{2}}\right) \qquad (8-1)$$

其中,参数 K 为样本数,σ_{X}^{2} 为总样本的方差,$\sigma_{\gamma i}^{2}$ 为目前观测样本的方差。这种方法适用于态度、意见式问卷(量表)的信度分析。对于 Alpha 信度系数的判断标准。根据多数学者的观点,任何测验或量表的信度系数如果在

0.9 以上，则该测验或量表的信度甚佳；信度系数在 0.8 以上都是可以接受的；如果在 0.7 以上，则该量表应进行较大修订，但仍不失其价值；如果低于 0.7，则应该弃之。本章采用 SPSS 23.0 软件进行信度分析。该调研问卷的各维度与整体信度分析结果如表 8 - 1 所示。

表 8 - 1　　　　　　　　　问卷的信度检验

Cronbach's Alpha	项数
0.903	34

从表 8 - 1 可得，调查对象的整体信度系数为：$\alpha = 0.903 > 0.8$，因此本章认为该调研问卷的信度较好，问卷设置非常合理。

（二）效度分析

本章利用 SPSS23.0 软件进行探索性因子分析，对调研问卷进行效度检验。效度分析在于研究问卷题目的设计是否合理，即测验能够测到被测量对象的真实水平的程度。本章采用 KMO 检验来进行适合性分析，根据 Kaiser 给出的 KMO 度量标准：0.9 以上表示非常适合；0.8 ~ 0.9 表示很适合；0.7 ~ 0.8 表示适合；0.6 ~ 0.7 表示勉强适合；0.5 ~ 0.6 表示不太适合；0.5 以下表示极不适合，其中 Bartlett P 值小于或等于 0.1 时，表示适合因子分析。检验原始变量的相关系数矩阵是否为单位矩阵，当 Bartlett P 值小于显著水平 0.05 时，说明效度可以接受。效度比较好代表的是问卷的数据内部一致性比较好，也就是说，每个维度的所有题目的选择上基本是一致的，维度划分比较好。

表 8 - 2　　　　　　　　　KMO 和 Bartlett 球形度检验

KMO 取样适切性量数		0.899
Bartlett 的球形度检验	近似 χ^2	6131.556
	自由度	561
	显著性	0.000

根据对社交媒体数据的相关统计：$KMO = 0.899 > 0.7$，$P < 0.05$ 说明因子分析的相关系数矩阵非单位矩阵，能够提取最少的因子同时又能解释大部分的方差，即效度也可被接受。综上所述，本章研究的检验结果与预先设计的结构基本

吻合，因此问卷的题目与类别有效，问卷效度良好，可以作为标准问卷使用。

二、描述性统计分析

本章首先对已有问卷进行描述性统计分析，阐明问卷数据的集中趋势和分散趋势，主要统计量包括如样本均数、样本百分比等。然后，对样本进行单因素方差检验，分析相关数据的离散程度。

（一）性别分析

如表 8－3 所示，本小组此次调研对象为网民，随机分发问卷所得的男女性别比几乎相等，大致符合现状。

表 8－3　　　　　　　　用户类型占比分析

用户类型	人数	比例
男性人数	217	56.65%
女性人数	166	43.35%

（二）用户年龄结构分析

研究调研对象的年龄构成，是为了了解各年龄段的公民对移动社交媒体的选择情况是否存在较大的差异。年龄不同，对移动社交媒体的选择以及对隐私保护和数据开放的认知、行为、态度也不同。如图 8－1 所示，本章发现接受调查人群年龄结构分为 18 岁以下、18~26 岁、27~35 岁、36~44 岁、45 岁以上五个年龄阶段，所有人群大部分集中在 18~26 岁，这一研究也与国内移动社交媒体整体使用频率相当。

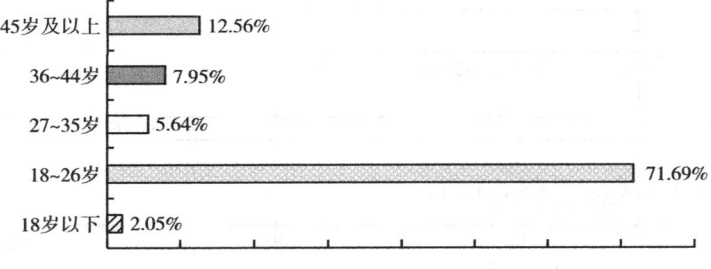

图 8－1　移动社交媒体用户使用频率示意图

（三）移动社交媒体选择使用情况

如图 8-2 所示，选取的调查人群中，大部分调查对象都会使用微信和抖音进行社交，半数以上的调查对象也会选择微博进行社交，符合当今社会的主流选择。本次调研具有普遍的代表性，且有足够的样本容量来研究隐私保护和数据开放的情况，基于此进行的分析具有客观性和科学性。

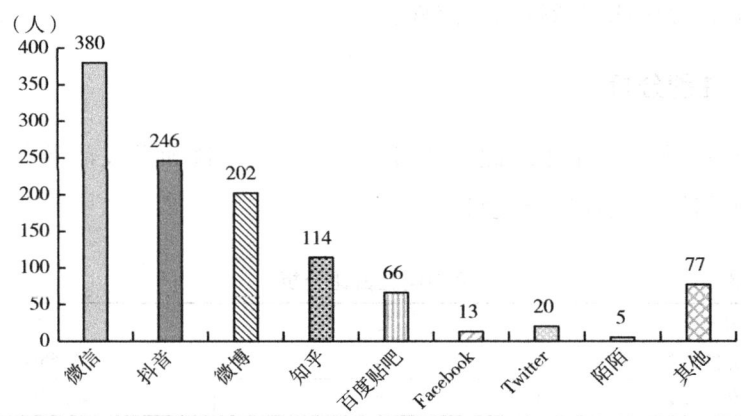

图 8-2　用户移动社交媒体选择情况

（四）日均使用移动社交媒体时长分析

如图 8-3 所示，此次调研对象的日均使用移动社交媒体的时长大部分在 2 小时以上，其中，使用移动社交媒体 2~4 小时的占 40%；4~6 小时的占 26.15%；使用 6 小时以上的占 21.54%。研究表明，用户使用移动社交媒体的时长越长，数据开放的可能性也就越大，用户数据隐私泄露的可能性也就越高。

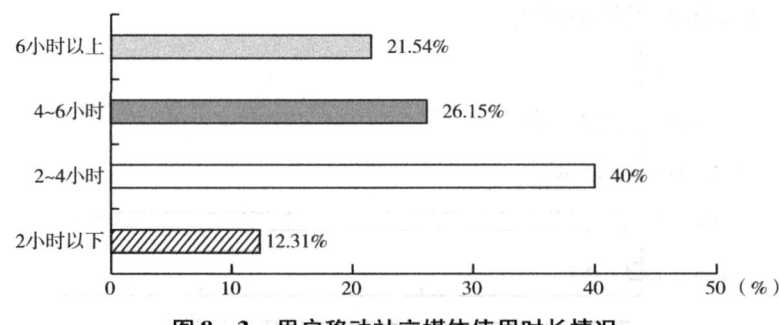

图 8-3　用户移动社交媒体使用时长情况

（五）用户对移动社交媒体平台泄露个人隐私的在意程度

本章把移动社交媒体平台泄露了用户的相关隐私的在意程度分为四个部分，分别是非常在意、比较在意、在意和比较不在意。根据图8-4所示，我们发现大部分调查对象在意移动社交媒体泄露个人隐私，其中绝大多数用户会感到非常在意个人隐私泄露，其比例高达48.6%，接近一半的调查对象比较在意（23.20%）和在意（21.60%）。这说明，移动社交媒体在丰富人们日常生活的同时，其所带来的个人隐私的泄露事件也逐渐引起人们的重视。

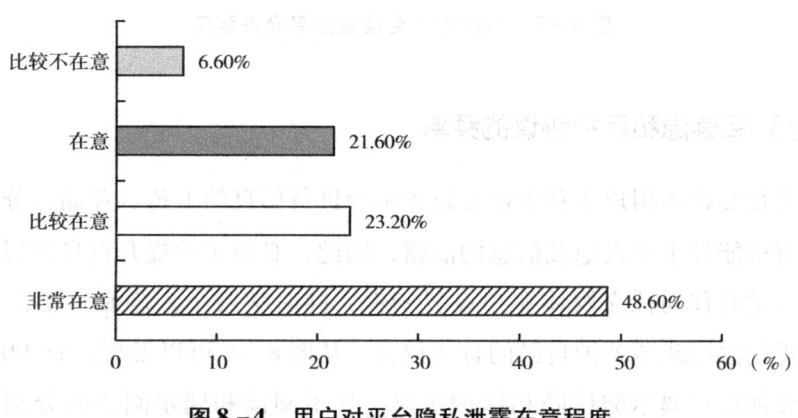

图8-4 用户对平台隐私泄露在意程度

（六）用户允许移动社交媒体平台访问位置信息的频率

尽管移动社交媒体用户越来越重视隐私保护问题，但在使用移动社交App时，用户为了获取平台所提供的某些服务，必须承诺向社交媒体允诺接收信息供社交媒体企业使用，故常常陷于隐私数据开放和保护的"两难"境地。本章把用户允许移动社交媒体平台访问位置信息的频率分为偶尔允许、仅在使用时允许、从不允许、总是允许四个维度。从图8-5可以发现，若移动社交媒体平台产品申请访问用户的位置信息，绝大多数调查对象会选择仅在使用时允许，这一比例高达62%。同时，选择从不允许的比例占比为9.2%，总是允许的比例占比为3.80%，调查对象都较少。

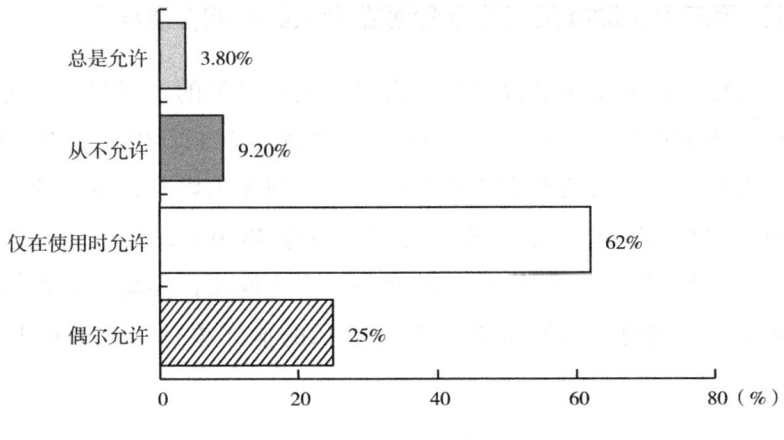

图 8-5　用户对平台位置信息允许程度

（七）阅读隐私保护协议的频率

移动社交媒体用户在利用社交媒体平台进行信息的上传、存储、分享和转发也都有可能带来个人隐私信息的泄露，因此，必须主动提升自身的媒介素养水平，自觉对移动社交媒体账户设置密保，同时学习个人隐私保护的相关法律，懂得用法律武器维护自己的合法权益。从图 8-6 可以发现，48.90% 的移动社交媒体用户偶尔阅读隐私保护协议，从不阅读和偶尔阅读的分别占比为 22.30% 和 22.20%。这表明用户对隐私保护协议的认识不足，缺乏对自身隐私信息的保护意识。

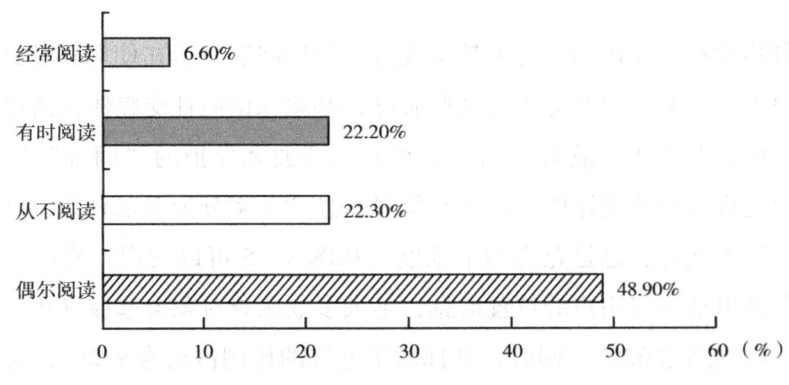

图 8-6　用户阅读隐私保护协议频率

三、协方差分析

(一) 协方差模型原理

协方差分析基本原理是将线性回归与方差分析结合起来,调整各组平均数和 F 检验的实验误差项,检验两个或多个调整平均数有无显著差异,以便控制在实验中影响实验效应(因变量)而无法人为控制的协变量(与因变量有密切回归关系的变量)在方差分析中的影响。

其线性模型可以表示为:

$$Y = X_1\alpha + X_2\beta + \varepsilon \tag{8-2}$$

$$E(\varepsilon) = 0 \tag{8-3}$$

$$D(\varepsilon) = \sigma^2 I_N \tag{8-4}$$

其中,$X_1\alpha$ 是模型的方差分析部分,设计矩阵 X_1 中元素一般取值为 0 或 1。参数 $X_2\beta$ 是模型的回归部分,设计矩阵 X_2 中变量属于连续型变量。

(二) 性别分析

本章针对调研问卷六部分内容具体包括:数据开放认知、数据开放态度、数据开放行为、隐私保护认知、隐私保护态度和隐私保护行为进行分析。样本均数统计量采取均值 $\bar{x} + SD$。协方差表参见表 8-4。统计结果表明:(1) 移动社交媒体用户男性和女性之间对于移动社交媒体数据开放认知存在显著性差异(p=0.018);(2) 移动社交媒体用户男性和女性之间对移动社交媒体数据开放态度存在显著性差异(p=0.013);(3) 移动社交媒体用户男性和女性之间数据开放行为存在显著性差异(p=0.018);(4) 移动社交媒体用户男性和女性之间隐私保护认知存在显著性差异(p=0.06);(5) 移动社交媒体用户男性和女性之间隐私保护态度无显著性差异(p=0.539);(6) 移动社交媒体用户男性和女性之间隐私保护行为无显著性差异(p=0.824)。

为了进行方差分析,本章首先对相关数据进行方差齐性检验(见图 8-7 所示)。

表8-4　协方差分析

	性别 M±SD		年龄 M±SD					学历				F	P	LSD结果 P值列	
	男	女	18岁以下	18~26岁	27~35岁	36~44岁	45岁及以上	高中及以下	专科	本科	硕士及以上			年龄	学历
数据开放认知	3.93±0.71	3.82±0.54	3.40±0.91	3.90±0.54	3.77±0.95	3.85±0.65	3.67±0.52	3.74±0.54	3.66±0.74	3.90±0.5	4.10±0.60	3.03	0.018	0.21	0.13
数据开放态度	3.50±0.87	3.33±0.66	2.73±0.88	3.39±0.70	3.35±0.98	3.42±0.75	3.37±0.59	3.41±0.74	3.45±0.88	3.35±0.69	3.33±1.02	1.71	0.146	0.01	0.76
数据开放行为	3.50±0.88	3.29±0.69	2.58±0.85	3.40±0.70	3.44±1.02	3.35±0.92	3.06±0.56	3.19±0.77	3.40±0.88	3.35±0.72	3.54±0.80	4.48	0.001	0.08	0.23
隐私保护认知	3.50±0.79	3.27±0.65	2.82±0.44	3.38±0.66	3.33±1.17	3.29±0.80	3.10±0.46	3.20±0.65	3.40±0.85	3.33±0.66	3.78±1.08	2.91	0.022	0.25	0.43
隐私保护态度	4.08±0.86	4.02±0.86	3.58±0.94	4.17±0.73	3.56±1.17	4.02±0.87	3.58±1.09	3.73±1.04	3.74±1.07	4.14±0.76	3.93±0.92	7.78	0.000	1.00	0.55
隐私保护行为	3.77±1.05	3.74±1.02	3.25±1.28	3.83±0.95	3.45±1.37	3.90±1.01	3.38±1.01	3.75±1.23	3.56±0.97	3.81±0.97	3.57±1.13	3.20	0.013	0.88	0.99

	Levene统计量	df1	df2	显著性
数据开放认知	13.743	1	387	0.000
数据开放态度	10.140	1	387	0.002
数据开放行为	7.963	1	387	0.005
隐私保护认知	6.269	1	387	0.013
隐私保护态度	0.192	1	387	0.661
隐私保护行为	0.159	1	387	0.690

图 8-7 方差齐性检验

根据图 8-7 结果，样本总体 F 值达到显著性水平，即 $p<0.05$ 时，才会报告事后多重比较结果。本案例方差齐性，故查看 Bonferroni（邦弗伦尼）检验结果。各组两两之间是否有差异，主要依据显著性 p 值，如果 ≤ 0.05，则表明存在显著性差异。

（三）年龄分析

对于年龄分组的比较数据显示：移动社交媒体用户不同年龄之间数据开放认知存在显著性差异（$p=0.018$）；移动社交媒体不同年龄数据开放态度存在较小差异（$p=0.146$）；移动社交媒体不同年龄数据开放行为存在显著性差异（$p=0.001$），不同年龄隐私保护认知存在显著性差异（$p=0.022$）；移动社交媒体不同年龄隐私保护态度存在显著性差异（$p=0.000$）；移动社交媒体不同年龄之间隐私保护行为存在显著性差异（$p=0.013$）。其中，移动社交媒体用户在 18~44 岁年龄段群体对移动数据保护行为更明显。

（四）学历分析

对于学历分组的比较数据显示：移动社交媒体用户不同学历之间数据开放认知存在显著性差异（$p=0.030$）；移动社交媒体用户不同学历之间数据开放态度无显著性差异（$p=0.838$）；移动社交媒体用户不同学历之间数据开放行为存在较小差异（$p=0.341$）；移动社交媒体用户不同学历之间隐私保护认知存在较小差异（$p=0.139$）；移动社交媒体用户不同学历之间隐私保护态度存在显著性差异（$p=0.001$）；移动社交媒体用户不同学历之间隐私保护行为存在较小差异（$p=0.230$）。其中，高学历群体保护行为更明显。

（五）描述性统计分析总结

从移动社交媒体用户的描述性统计数据分析可知，在年龄、性别、学历三个基本因素中，对移动社交媒体用户的数据隐私与保护方面差异影响最大的是年龄，其次是性别，再次是学历。以上三个因素对数据隐私与保护方面影响呈正相关关系。

四、多元有序 Logistic 回归

（一）基本定义

在社会科学领域中，存在因变量是多项的情况，其中又分为无序和有序两类，对于这类数据需要用多元 Logistics 回归。在本问卷中，本章用多个二元 Logistics 回归模型描述用户在安装移动社交媒体产品时，是否会阅读其用户隐私保护协议的作用。经过对该阅读用户隐私保护协议调查数据进行多项 Logistic 回归分析，由参数估计表，并阅读相关文献（薛宝飞、郑少锋，2018），本章可以得到基本模型如下：

$$P(Y_i = j) = \exp(\beta_0 + \sum_{\gamma=1}^{\theta} \beta_\gamma x_{yi}) / \left[1 + \exp(\beta_0 + \sum_{\gamma=1}^{\theta} \beta_\gamma x_{yi})\right] \quad (8-5)$$

其中，i 代表调查对象样本，j 代表调查对象选择数据开放和隐私保护的认知行为态度的意愿类别，x_{yi} 为影响第 i 个调查对象选择意愿的第 γ 个相关变量，β_γ 为影响变量估计参数，θ 为相关影响变量的个数。

（二）Logistic 结果解释

1. 平行性检验（见表 8-5）

表 8-5　　　　　　　　　　平行性检验结果

模型	-2 对数似然值	卡方	df	显著性
零假设	979.401[a]			
广义	897.637[b]	81.764[c]	18	0.057

注：零假设规定位置参数（斜率系数）在各响应类别中都是相同的。
a. 联接函数：Logit。
b. 在达到最大步骤对分次数后，无法进一步增加对数似然值。
c. 卡方统计量的计算基于广义模型最后一次迭代得到的对数似然值。检验的有效性是不确定的。

本章假设模型满足平行性，根据 p = 0.057 > 0.05，说明模型接受原假设，即符合平行性检验。

2. 模拟拟合信息表（见表 8-6）

表 8-6　　　　　　　　　　模型拟合信息

模型	-2 对数似然值	卡方	df	显著性
仅截距	995.120			
最终	979.401	15.719	6	0.015

注：联结函数：Logit。

根据表 8-6，p = 0.015 < 0.05，说明本章的研究模型有统计学意义，模型通过检验。

3. 拟合优度表（见表 8-7）

表 8-7　　　　　　　　　　拟合度表

	卡方	df	显著性
Pearson	1506.177	1502	0.565
偏差	967.888	1502	1.000

注：联结函数：Logit。

原假设模型能很好拟合原始数据，表 8-7 最后一列皮尔逊卡方 p = 0.565 > 0.05，原假设成立，说明模型对原始数据的拟合通过检验。

4. 伪 R 方表（见表 8-8）

表 8-8　　　　　　　　　　伪 R 方

Cox 和 Snell	0.040
Nagelkerke	0.043
McFadden	0.015

注：联结函数：Logit。

根据表 8-8，依次列出的 3 个伪 R 方值均偏低，最高 0.043，说明模型对原始变量变异的解释程度较好，只有一小部分信息无法解释，拟合程度比较优秀。

5. 参数评估（见表 8-9）

表 8-9 参数估计值

		估计	标准差	Wald	df	显著性	95% 置信区间	
							上限	下限
阈值	[@40、您在安装移动社交媒体时，是否会阅读其用户隐私保护协议=1]	-0.464	0.690	0.452	1	0.021	-1.815	0.888
	[@40、您在安装移动社交媒体产品时，是否会阅读其用户隐私保护协议=2]	1.587	0.694	5.226	1	0.022	0.226	2.948
	[@40、您在安装移动社交媒体产品时，是否会阅读其用户隐私保护协议=3]	2.984	0.710	17.676	1	0.000	1.593	4.374
	[@40、您在安装移动社交媒体产品时，是否会阅读其用户隐私保护协议=4]	4.307	0.755	32.558	1	0.000	2.828	5.787
位置	数据开放认知	-0.255	0.204	1.558	1	0.032	-0.656	0.145
	数据开放态度	0.285	0.185	2.368	1	0.044	-0.078	0.648
	数据开放行为	-0.106	0.178	0.353	1	0.024	-0.455	0.243
	隐私保护认知	0.465	0.196	5.632	1	0.018	-0.081	0.850
	隐私保护态度	-0.181	0.142	1.630	1	0.049	-0.459	0.097
	隐私保护行为	0.071	0.116	0.368	1	0.042	-0.158	0.299

注：联结函数：Logit。

根据表 8-9 列出自变量，移动社交媒体的用户数据开放及隐私保护的认知、行为与态度对用户是否会阅读其用户隐私保护协议的影响检验，是多项 Logistic 回归非常重要的结果。第二项估计列，即各自变量不同分类水平在模型中的系数，正负符号表明它们与阅读隐私保护协议选择呈正比还是反比关系。根据统计结果，移动社交媒体用户的数据开放认知、数据开放行为以及数据保护态度都和用户阅读隐私保护协议的选择呈反向关系；而移动社交媒体用户的开放态度、隐私保护认知以及隐私保护行为等都与用户阅读隐私保护协议的选择呈正向关系。

根据 Wald 显著性值，此值小于 0.05 说明对应自变量的系数具有统计意义，对因变量不同分类水平的变化有显著差异。通过 Logistic 回归分析模型：在 389 份有效数据中，仅仅有 10% 的人在安装移动社交媒体时，会阅读隐私保护协议，而从不阅读或偶尔阅读的人群占了近七成。可见，在移动社交媒体开放共享下，企业会通过巧妙的方式进行用户信息的窃取，加之用户群体缺乏防范的意识，不小心误入企业设下的"坑"，进而隐私就会通过多种方式被无意识地泄露。

五、研究结果分析

（一）移动社交媒体用户中间年龄段（18~44岁）隐私态度较积极

1. 经济基础差异影响隐私开放意识

18~44岁年龄段群体均已成年且大多处于劳动力壮年时期，对财富渴求程度高，即使是未参加工作的大学生也有父母的补贴，金钱可支配度高。因此，当谈及个人隐私相关问题时，出于对财产的保护需求，这部分群体往往会比较警惕，不愿泄露自己的隐私。而18岁以下群体，绝大多数处于学生时期，很少能够自己掌握财产，因此这在很大程度上影响了他们隐私开放程度的选择。同样，44岁以上群体，大部分已退休，金钱渴望程度不高，在一定程度上影响他们隐私开放的选择。

2. 人生阅历不同影响隐私保护意识

18岁以下群体，大部分时间在学校度过，人生阅历浅，隐私概念模糊，因此对隐私开放与保护的意识弱。而18~44岁年龄段群体已有一定的人生阅历，对新媒体背景下的网络营销也有所了解，因此他们更注重保护自我隐私。44岁以上群体，尽管有相当的人生阅历，但对网络媒体的弊端不甚了解，容易泄露个人隐私、上当新型骗局。

（二）高学历（本科及以上）群体态度较积极

1. 收入不同对数据防范意识不同

一般来说，高学历群体往往会有更大的就业市场、更多的工作机会，从而获得较高收入，因此，为了保证财产安全，这部分群体会更加注重隐私保护。而低学历群体往往就业市场小、工资收入低，就像当购物时，比起个人隐私保护，他们宁愿泄露自己隐私来换取购物优惠。

2. 受教育程度不同

学历高低直接决定人的受教育程度。高学历群体受教育程度高，知识丰富，思维方式灵活多样，当媒体平台要求提供相关个人信息时，这部分群体大多会思考且有选择性。而低学历群体受教育程度低，思维传统局限，较易受到网络舆论的引导，从而影响自身选择。

3. 知识产权认同感不同

高学历群体由于受教育程度高，知识产权认同度高，因而更加注重自身隐私保护。而低学历群体由于受教育程度低，知识产权认同感模糊，较少关注个人隐私。

第二节　移动社交媒体数据开放和隐私保护的关联规则模型构建

关联分析又称关联挖掘，就是在交易数据、关系数据或其他信息载体中，查找存在于项目集合或对象集合之间的频繁模式、关联、相关性或因果结构。其中的关联规则是指大量数据之间有趣的相关关系，可以同时描述多变量相关方式的一种方法，其核心是度量和发现频繁集。在数据分析中，它的优点是可以揭示隐藏在数据背后更本质的特点和深层规律，在计算中遍历所有可能情况，而不是事先人为地提出假设，再进行两两之间的检验。针对移动社交媒体数据开放和隐私保护的关联问题。第一，使用权具有关联性。部分 App 会将用户隐私协议和 App 的使用权关联在一起，即不同意用户隐私协议上的某些规定就不能拥有该款 App 的使用权，在将个人信息重要程度和 App 使用紧急度对比后，用户群体往往会选择忽略掉协议中不规范的地方，从而造成个人信息的泄露。第二，隐私协议具有隐藏属性。在企业制订用户隐私协议时，往往存在篇幅长、重点少的问题，且书面式的隐私协议缺少趣味性，这就导致用户群体直接忽略掉阅读它的过程，而直接选择同意选项。有些 App 在首次运行时未通过弹窗等明显方式提示用户阅读隐私政策等收集使用规则，或以默认选择同意隐私政策等非明示方式征求用户同意。第三，隐私协议不平等，用户的一次同意被企业默认为次次同意。部分 App 会根据需要修订隐私协议，但用户无法及时得知内容是否有所更新。例如，一款美妆 App 在用户协议中表示，公司有权根据需要不定期地制订、修改本协议及/或各类规则，并在 App 平台公示，不再另行单独通知用户。消费者使用平台服务，即表明接受修订后的协议和规则。结合 Logistic 回归分析模型和实践分析可知，用户群体在安装移动社交媒体时，"很少或从未"阅读用户隐私协议的原因大体归结为两类：一是用户缺少隐私泄露的感知力和防范意识；二是企业有意利用隐私协议来窃取用户隐私。可见，企业和用户的作用相关联，研究移动社交媒体企业数据开放共享和用户隐私保护策略下的"企业—用户"短期均衡具有其针对性和必要性。这就要从移动社交媒体的关联规则进一步挖掘，深入分析两者之间的关联关系。

一、移动社交媒体的关联规则挖掘

我们利用 R 软件，对调查对象使用新媒体通过的 App 进行关联规则挖掘，运用 Apriori 算法计算出各频繁集的支持度、置信度、提升度，具体解释和流程如下：

R 语言程序

```
library(Matrix)
library(arules)
library(arulesViz)
library(RColorBrewer)
library(shinythemes)
library(openxlsx)
library(sysfonts)
library(showtextdb)
library(showtext)
showtext_auto(enable = T)
data <- read.transactions("SJKF.csv", format = c("basket"), sep = ",", cols = 1, header = TRUE, rm.duplicates = TRUE)
inspect(data[1:10])
myrules <- apriori(minlen = 2, data, parameter = list(supp = 0.3, conf = 0.7, target = "rules"))
```

summary(myrules)

inspect(myrules[1:2])

(一)具体概念解释

支持度:指某个选项组合出现的次数与总答题数之间的比例,确定规则可以用于给定数据集的频繁程度。

$$s(B) = \frac{\sigma(B)}{N} \tag{8-6}$$

置信度:选择选项 A 时,会有多大的概率选择 B,确定 B 在包含 A 的问卷中出现的频繁程度。

$$c(A \to B) = \frac{\sigma(A \cup B)}{\sigma(A)} \tag{8-7}$$

提升度:提升度(A→B) = 置信度(A→B)/支持度(B)。

提升度有三种可能:

①提升度(A→B) > 1:代表有提升;

②提升度(A→B) = 1:代表没有提升,也没有下降;

③提升度(A→B) < 1:代表有下降。

(二)关联规则具体流程

1. Excel 数据处理

本章利用关联规则分析,找出调查对象使用移动社交媒体通过的 App 之间的频繁集,我们将各个选项前的字母替换文字,方便 R 语言对文本类数据的识别,替换规则如表 8-10 所示。

表 8-10   替换规则

原始选项	替换选项	原始选项	替换选项
A. 微信	A	B. 抖音	B
C. 微博	C	D. 知乎	D
E. 陌陌	E	F. 百度贴吧	F
G. Facebook	G	H. Twitter	H
I. 其他	I		

2. R 软件导入数据

本章将处理好的数据 Excel 数据改为"csv"格式导入 R 软件,可以发现前三行数据如表 8-11 所示。

表 8-11　　　　　　　　R 软件中所导入的数据

	items	transactionID
[1]	{B, C, D, E, I}	A
[2]	{B, C, D}	A
[3]	{B, C, G, I}	A

3. 最小支持度和最小置信度的确定

最小支持度和最小置信度的确定是自己设置的,通过查阅大量文献可知,大多数的确定方法都是"试错法",即给定一个很高的支持度值,并通过不断试验对其进行调整,最终得到理想的最小支持度和最小置信度,我们设置最小支持度为 0.3,最小置信度为 0.7。

4. 显示关联规则

根据结果显示,R 软件提取了两条规则,将输出的关联规则转化为文字得到关联规则如表 8-12 和表 8-13 所示。

表 8-12　　　　　　　　R 软件的关联规则

关联规则	支持度	置信度	提升度
{C} => {B}	0.3763	0.7300	1.1656
{H} => {G}	0.5234	0.8590	1.0162

表 8-13　　　　　　　　R 软件的具体关联规则

序号	前项	后项	提升度
1	通过微博使用新媒体	通过抖音使用新媒体	1.1656
2	通过 Twitter 使用新媒体	通过 Facebook 使用新媒体	1.0162

5. 结果的分析与解释

通过关联规则挖掘,本章提取两条正向规则,具体解释如下。

(1) 第一条规则——面向国内移动社交媒体受众。

支持度为 0.5234,即同时选择 B 选项和 C 选项的问卷占所有问卷的比例为 52.34%;置信度为 0.8590,即在已选择选项 C 的条件下,答题者会有

85.9%的概率选择选项 B。

提升度为 1.1656，即选项 C 的出现，对选项 B 的出现概率提升程度为 1.0162＞1，起提升作用，代表通过微博使用新媒体的调查对象在一定程度上都会通过抖音使用新媒体。

（2）第二条规则——面向国外移动社交媒体受众。

支持度为 0.3763，即同时选择 G 选项和 H 的问卷占所有问卷的比例为 37.63%；置信度为 0.7300，即在已选择选项 G 的条件下，答题者会有 73.00%的概率选择选项 H。

提升度为 1.0162，即选项 G 的出现，对选项 H 的出现概率提升程度为 1.0162＜1，起提升作用，代表通过 Twitter 了解到新媒体的公众在一定程度上都会通过 Facebook 平台了解到新媒体。

二、基于关联规则的移动社交媒体数据分析

（一）频数分析

1. 数据开放认知

由表 8-14 可知，"您了解数据开放为我们带来的便利性"该题项的均值高达 4.00，说明人们普遍认为数据开放为我们带来便利性；"您认为自己理解目前数据开放的条例政策"该题项的均值只有 3.45，说明人们普遍反对自己非常理解目前数据开放的条例政策。

表 8-14　　　　　　　　数据开放认知

选项	平均值	标准差
您了解数据开放为我们带来的便利性	4.00	0.937
您认为自己理解目前数据开放的条例政策	3.45	0.934
您是否认为移动社交媒体数据开放会提高交互性	3.97	0.895
您认为数据开放的信息可能会被他人非法获取	4.16	0.881
您认为数据开放是否意味着隐私泄露	3.65	0.857
您认为在数据开放的同时企业具备相应的安全保障能力	3.89	0.967

2. 数据开放行为

由表 8-15 可知,"您认为第三方利用开放数据后应当向用户提供经济补偿"该题项的均值高达 4.04,说明人们普遍认为第三方利用开放数据后应当向用户提供经济补偿;"您是否认为应该在权益受到侵害后再采取措施"该题项的均值只有 2.70,说明人们反对应该在权益受到侵害后再采取措施。

表 8-15　　数据开放行为

选项	平均值	标准差
您认为自己是否支持移动社交媒体的数据开放	3.49	0.948
您对于移动社交媒体企业的数据开放内容是否满意	3.46	0.994
您认为数据开放可以公开浏览记录	2.70	0.976
您介意数据公开自己的个人身份信息	3.63	0.875
您是否认为应该在权益受到侵害后再采取措施	2.93	0.956
您认为第三方利用开放数据后应当向用户提供经济补偿	4.04	0.943

3. 数据开放态度

由表 8-16 可知,"您会在手机或电脑上安装相关的安全管家软件来对相关数据进行整理"该题项的均值达到了 3.67,说明人们比较赞同会在手机或电脑上安装相关的安全管家软件来对相关数据进行整理;"您愿意企业根据移动社交媒体行为偏好发送相关的网络广告"该题项的均值只有 2.83,说明人们反对企业应该根据移动社交媒体行为偏好发送相关的网络广告。

表 8-16　　数据开放态度

选项	平均值	标准差
您会允许移动社交媒体获取您的权限(位置信息、相机访问、麦克风访问、电话、日历、信息)	3.17	0.974
您会在移动社交媒体登录自己的账号以后删除登录相关信息	3.55	0.871
您在社交平台进行发言时,时常不使用自己的真实信息	3.60	0.915
您会在手机或电脑上安装相关的安全管家软件来对相关数据进行整理	3.67	0.947
您愿意企业根据移动社交媒体行为偏好发送相关的网络广告	2.83	0.920
您会在网页浏览时选择记住系统密码	3.22	0.942

4. 隐私保护认知

由表 8-17 可知,"您认为移动社交媒体具有虚拟性"该题项的均值达到了 3.86，说明人们普遍认为移动社交媒体具有虚拟性；"您认为自己是否充分信任移动社交媒体的用户隐私保护协议"该题项的均值只有 3.02，说明人们比较反对自己充分信任移动社交媒体的用户隐私保护协议。

表 8-17　　　　　　　　　　隐私保护认知

选项	平均值	标准差
您认为移动社交媒体具有真实性	3.12	0.995
您认为移动社交媒体具有虚拟性	3.86	0.955
您认为移动社交媒体具有私密性	3.11	0.921
您认为移动社交媒体具有公共性	3.71	0.953
您认为移动社交媒体具有共享性	3.71	0.971
您认为自己是否充分了解移动社交媒体的用户隐私保护协议	3.18	0.964
您认为自己是否充分了解移动社交媒体的用户数据开放过程	3.10	0.966
您认为自己是否充分信任移动社交媒体的用户隐私保护协议	3.02	0.973
您认为自己是否充分了解各移动社交媒体产品的隐私设置	3.11	0.954

5. 隐私保护态度

由表 8-18 可知，"您担心打开链接、使用签到等功能时会因此受到广告骚扰"和"您担心在使用移动社交媒体平台时个人信息会受到病毒、黑客等的攻击而泄露"两题项的均值都达到了 4.10，说明人们普遍赞同这两个观点。

表 8-18　　　　　　　　　　隐私保护态度

选项	平均值	标准差
您担心注册并使用移动社交媒体的个人隐私会受到泄露或侵犯	4.04	0.873
您担心打开链接、使用签到等功能时会因此受到广告骚扰	4.10	0.960
您担心在使用移动社交媒体平台时个人信息会受到病毒、黑客等的攻击而泄露	4.10	0.895
您担心在发布信息、使用签到等功能时生活轨迹等个人信息被推测或泄露	4.02	0.922
您担心在使用好友推荐功能时好友关系被推测或泄露	4.01	0.975
您担心在使用转发和分享功能时兴趣动向被推测或泄露	3.96	0.928

6. 隐私保护行为

由表 8-19 可知，"您担心打开链接、使用签到等功能时会因此受到广告骚扰"和"您担心在使用移动社交媒体平台时个人信息会受到病毒、黑客等的攻击而泄露"两题项的均值分别达到了4.13和4.10，说明人们普遍赞同这两个观点；"您评价自己在使用移动社交媒体时对相关数据的保护程度"该题项的均值只有3.75，说明人们自己在使用移动社交媒体时对相关数据的保护程度较低。

表8-19　　　　　　　　　　隐私保护行为

选项	平均值	标准差
您担心打开链接、使用签到等功能时会因此受到广告骚扰	4.13	0.824
您担心在使用移动社交媒体平台时个人信息会受到病毒、黑客等的攻击而泄露	4.10	0.785
您评价自己在使用移动社交媒体时对相关数据的保护程度	3.75	0.923

（二）关联规则挖掘分析

根据表8-20、表8-21，通过关联规则挖掘，本章提取两条正向规则，具体解释如下。

表8-20　　　　　　　　　　R软件的关联规则

关联规则	支持度	置信度	提升度
{C} => {B}	0.3763	0.7300	1.1656
{H} => {G}	0.5234	0.8590	1.0162

表8-21　　　　　　　　　　R软件的具体关联规则

序号	前项	后项	提升度
1	通过微博使用新媒体	通过抖音使用新媒体	1.1656
2	通过Twitter使用新媒体	通过Facebook使用新媒体	1.0162

1. 第一条规则——面向国内移动社交媒体受众

支持度为0.5234，即同时选择B选项和C选项的问卷占所有问卷的比例为52.34%；置信度为0.8590，即在已选择C选项的条件下，调查对象会有85.9%的概率选择选项B；提升度为1.1656，即C选项的出现，对B选项的出现概率提升程度为1.0162>1，起提升作用，代表以微博为媒介进行移动社交的调查对象在一定程度上都会使用抖音进行移动社交。

通过以上数据可得，在此类了解途径中，公众会通过线上的方式，借助新型移动社交、媒体 App 来获取信息，更好地了解相关内容。在数据开放时代，人们可以随时随地通过互联网来获取信息、交流想法，获取各方面数据，此类公众可以在各大平台上了解并整合相关信息，相应地也倾向于在各个平台上发表言论、分享日常，对周围感知能力强，愿意和他人沟通交流，但同时他们也容易被大量信息所迷惑，轻易相信一些没有根据的言论，多个平台上的信息也容易被存在恶意的人整合，进一步造成个人或集体的隐私泄露。

2. 第二条规则——面向国外移动社交媒体受众

支持度为 0.3763，即同时选择 G 选项和 H 选项的问卷占所有问卷的比例为 37.63%；置信度为 0.7300，即在已选择 G 选项的条件下，答题者会有 73.00% 的概率选择 H 选项；提升度为 1.0162，即 G 选项的出现，对 H 选项的出现概率提升程度为 1.0162 < 1，起提升作用，代表通过 Twitter 了解到新媒体的公众在一定程度上都会通过 Facebook 平台了解到新媒体。通过以上数据可得，在此类了解途径中，公众更倾向于通过传统获取信息的线下方式来了解相关信息。在大数据时代，此类公众获取信息的方式较单一甚至滞后，不能较好地获取相关信息的最新动态，对数据开放的感知较少，不能更好地获得数据开放带来的便利性。相应来说，此类用户的隐私泄露的可能性较小，能够更好地保护隐私安全。

三、研究建议

从隐私的价值来说，隐私的价值衡量并非仅仅通过个人的行为或态度就能进行有效衡量，相反，不应当仅通过货币价值等手段进行呈现。隐私的价值有时是无形的，一旦泄露可能影响到个人人格、声望、社交等。因此，本章提出移动社交媒体隐私保护需要"政府—企业—个人"构建三位一体体系（图 8-8）。其中，对政府而言，防范隐私悖论的关键在于构建完备的法律政策框架，约束企业的行为；对企业而言，需要加强自律，加强内部管理和风险防范，定期向社会公布用户数据采纳情况，向用户提供必要的知情权；对于用户个人角度而言，用户在防范隐私悖论的关键在于避免对隐私估计的错误。

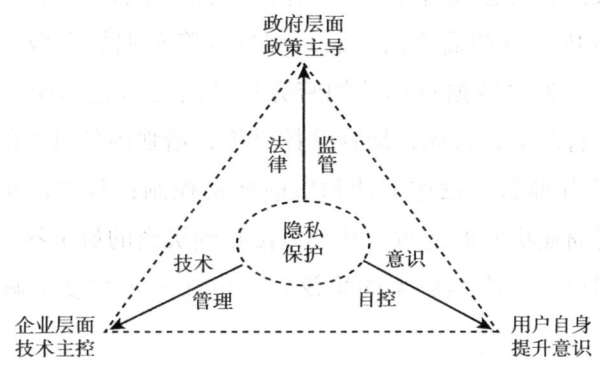

图 8-8　用户隐私保护的三位一体体系

（一）政府层面

首先，健全相关的法律法规，加强数据安全立法以及保护用户隐私权泄露的政策，让用户有法可依；建立健全数据安全治理体系，提高数据安全保障能力（盛小平、郭道胜，2020）。同时，设立大数据协同管理机构，促进政府部门间的数据共享；开放平台作为数据开放的载体，平台的建设情况同公众信息公开情况紧密相关，在保证数据平台不侵犯个人隐私的情况下最大化公开数据信息。

其次，充分发挥政府监督与企业自治的协同作用。政府需要加强对企业监管，对企业自发的隐私保护行为进行嘉奖，对企业不到位甚至缺失的隐私保护行为进行惩罚，规范行业市场秩序。

最后，政府呼吁个人进行信息保护理念转变，强化公众对个人隐私的保护意识，通过社区组织法律知识学习活动、社区宣讲活动等方式提高公众自身对隐私保护的素养，进而维护社会规范化。

（二）企业层面

企业采用不同的数据保护机制对用户隐私权益的保护程度有一定差异。丁红发（2019）等认为企业需要运用技术和管理双重手段，完善隐私泄露风险评估方法和用户反馈机制，保障隐私安全。技术上，通过技术手段限制发布即有选择地发布原始数据、不发布或者发布精度较低的敏感数据从而实现隐私保护，加强静态数据和动态数据的保密工作。结合移动社交媒体环境的特点，设计特殊的算法如 Petri 网协商算法，兼顾用户的隐私偏好和服务商的隐私政策（刘百灵，2019）。通过数据具体的加密算法和动态数据加密机制从而保护相关数据的安全。管理上，首先，增强管控措施，增强内部员工的防范意识，加强对 IT 人员的操作监管、操作审计和事前严格控制；其次，在员工入职前明确告知属于公司商业机密的范畴，并与可接触到机密的员工签订保密协议以及完善制订保护用户个人隐私数据的协议，也可在一定程度上减少数据外泄的风险。

（三）用户层面

首先，用户应该提升自身的隐私保护意识。用户在使用移动社交媒体的过程中应该在对移动社交媒体中所接收到的信息提高辨识度、不能轻易相信社交媒体的信息、应该利用自己的判断力去分辨信息的性质，提高个人隐私保护意识，合理规避泄露隐私的风险。其次，用户群体应提高隐私风险感知的能力。用户在移动社交媒体中的隐私风险感知能力对于自身的隐私保护是非常重要的。由于移动社交媒体的环境比较复杂，每个社交用户使用社交媒体的目的不一样，难免个别用户会有所企图，因此，提高风险感知的能力就会使用户个体更加重视隐私，隐私担忧的意识会加强，从而对自身隐私的保护性也会提高，隐私泄漏的风险会大大降低。最后，用户群体应增强隐私泄露后的维权意识。当发现自己的个人信息遭到他人的盗取以及非法利用后，应拿起法律的武器进行维权，从而更好地保护自己的权益。

第九章 研究结论与不足

随着人工智能、云计算、大数据等最新技术的发展,企业通过智慧营销工具可以有效获取用户群体的个人信息,从而可以向用户进行精准广告推送或产品推荐。然而,在使用用户信息过程中可能造成对用户隐私信息的侵犯或泄露。这使对用户的数据开放和隐私保护陷入"两难"境地的悖论。为此,本书从智慧营销背景下移动社交媒体"数据开放"和"隐私保护"边界出发,结合理论和实践对智慧营销背景下的社交模式和隐私问题进行精准分析,通过整合协方差分析、多元有序 Logistic 分析和关联规则挖掘分析等模型来探究移动社交媒体开放和隐私保护的动态均衡机制。从政府、企业、用户三大主体角度入手,提出探寻解决智慧营销背景下数据开放造成隐私泄露问题的三位一体措施,即政府法律政策监管、企业自律控制、用户提升隐私意识。本书基于隐私经济学、复杂网络理论和优化理论等,围绕移动社交媒体隐私保护和数据开放的悖论问题进行分析,既有理论模型研究也有实证数据分析,并结合移动社交媒体隐私泄露的具体案例进行了详细的阐述。特别是围绕移动社交媒体的有效使用取得了一定富有借鉴意义的结论,相关结论对于加强移动社交媒体行业监管、加强移动社交媒体数据使用、提升媒体用户的自身安全意识等都提供了一定的理论支持。

第一节 研究创新点与结论

本书研究的数据开放共享下的移动社交媒体隐私泄露风险和隐私保护策略问题来源于移动社交媒体企业有效运用用户数据进行社交媒体服务的具体实践,特别是数据运用与广大移动社交媒体用户的利益密切相关,故本书强调理论研究和实际运用紧密结合。

一、研究视角的创新

从研究视角看,从数据开放共享情境角度分别构建数据开放共享和隐私保护的均衡模型以及隐私泄露风险和用户隐私行为的相关理论框架。

过去关于移动社交媒体的研究,尤其是用户隐私保护的研究大多集中在微观的层次,研究方法多样,包括内容分析、问卷调查等,研究角度比较全面,主要从法律、伦理和社交媒体隐私条款及用户个人角度出发提出隐私保护策略。但对于隐私泄露风险问题,特别是数据开放和隐私保护的悖论机制问题缺乏深入研究。本书借鉴国内外关于移动社交媒体隐私保护领域研究中的研究成果,视角着眼于移动社交媒体数据开放造成的信息泄露风险所产生的危害与用户隐私保护不足的矛盾冲突,从此视角出发,使相关研究所得出的用户隐私保护策略和隐私风险防范优化方案更具有针对性和实用性。

从研究方法看,整合贝叶斯博弈和混合策略均衡理论、演化博弈理论、实证分析等研究用户隐私保护悖论产生的机制和隐私风险防范优化策略问题。

目前国内外较少采用综合手段对移动社交媒体隐私悖论机制进行深度研究。缺乏从"微"角度对隐私风险过程进行追踪研究。本书针对具体问题通过贝叶斯博弈和混合策略均衡理论研究移动社交媒体企业数据开放共享和用户隐私保护策略下的"企业—用户"短期均衡以及存在进化稳定策略时的演化博弈均衡。针对不同用户行为属性特征,通过数据挖掘和SEM实证模型研究移动社交媒体数据开放过程中的用户隐私关注和隐私风险防范策略,寻找隐私保护的优化路径。

二、研究的创新之处

移动社交媒体的快速发展使媒体企业能够通过数据挖掘、用户行为画像等手段获取用户隐私信息,并针对用户特征开展相关的营销活动。目前,国内外已有成果大多针对单纯隐私保护策略或者用户行为画像等展开系统研究,然而对于数据开放和隐私保护边界困境、隐私风险防范机制设计、用户隐私管理等研究均刚起步。本书的相关研究成果同时考虑了移动社交媒体企业利益和用户效用，短期贝叶斯均衡和长期演化博弈均衡等，并通过数据挖掘和 SEM 实证模型分析在保护用户隐私的前提下进行数据开放共享的程度。本书在学术思想、学术观点、研究方法等方面有一定的特色和创新，具体如下：

第一，学术思想创新。

本书将移动社交媒体数据开放和隐私保护两个矛盾内容纳入同一研究框架体系中进行研究，重点阐明由于移动社交媒体数据开放共享造成的隐私风险的内在机制，创新之处在于提出"数据开放"和"隐私保护"的动态均衡机制，并且通过贝叶斯博弈和混合策略均衡理论得到短期移动社交媒体企业和用户的短期均衡以及通过演化博弈得到两者的长期均衡，这为深化移动社交媒体研究开辟了新的研究视角。

第二，学术观点创新。

本书提出优化社交媒体数据开放为目标，数据开放程度的前提应在隐私保护的框架内，而不是将其作为单独的研究变量；基于数据生命周期模型，将移动社交媒体数据开放过程分为数据采集、数据组织与披露、数据保存、数据访问、数据使用五个阶段，在每个阶段中分别分析移动社交媒体数据开放过程中的个人隐私风险，并提出通过隐私保险等手段加强用户隐私保护，企业、行业、政府三方数据共享开放过程中应加强数据治理和隐私边界划分是隐私管理的核心这一观点。

第三，研究方法创新。

本书采用案例分析方法、结构方程模型、贝叶斯博弈、混合策略均衡以及数据挖掘等方法，为理论研究和政策应用提供可行的方法，方法上融合了问卷调查与因子分析等方法，形成了支撑研究需要的方法体系。本书将"数据开放度"和"隐私保护度"同时作为独立决策变量，将隐私保护对用户对象优化分类以及移动社交媒体的影响考虑在内，分析隐私保护引发的"数据开放度"对社交媒体效益、社交媒体竞争、用户效用和用户隐私行为等的影响。最终，结合实证研究数据，综合考虑隐私泄露风险、移动社交媒体企业效益、用户隐私关注度等多种因素，提出移动社交媒体数据开放过程中的用户隐私暴露风险防范策略和隐私保险补偿机制，阐明用户隐私保护的优化路径。

本书整合多种研究手段，将理论建模和实证分析相结合，使移动社交媒体的研究范式更为丰富；针对移动社交媒体"隐私悖论"的内在机制和隐私暴露风险和防范机制研究也更深入，相关隐私保护策略和风险防范优化方案更具针对性和实用性。

第二节 移动社交媒体隐私保护的研究建议

移动社交媒体隐私保护需要"政府—行业团体—企业—个人"四位一体共同努力。其中，对于用户个人角度来说，用户在防范隐私悖论的关键在于避免对隐私估计的错误。从隐私的价值来说，隐私的价值衡量并非仅仅通过个人的行为或态度就能进行有效衡量，相反，不应当仅通过货币价值等手段进行呈现。隐私的价值有时是无形的，一旦泄露可能影响到个人人格、声望、社交等。因此，需要构建完善的隐私保护体系来保护用户在使用移动社交媒体时的隐私信息。

一、用户个人层面

1. 提升隐私安全意识和防范措施

由于用户在利用移动社交媒体进行信息交流时，可能无意识泄露自身的信息或者主观的泄露信息，故应当通过宣传，帮助用户提升隐私安全意识，针对用户自身不同类型的信息进行甄别，提升个人隐私保护意识，在利用移动社交媒体进行信息传递过程中，合理规避泄露隐私的风险。此外，用户在与其他用户进行交流时，应当尽量规避不必要的社交活动，避免泄露自身重要的信息，如个人账户、密码或其他身份信息等。特别是要定期更换个人信息密码并检查个人设置，定期更换自己的头像，不要随意添加陌生人为自己的好友，最大限度地保护用户自己的个人信息安全。

2. 提升用户隐私风险感知能力

由于用户在移动社交媒体使用过程中，对于隐私外部环境各不相同，故用户应当提升风险感知能力，特别是要加强对隐私的重视程度。当登录移动社交媒体网站时，要特别注意移动社交媒体使用信息的相关协议，加强对自身隐私的保护程度。特别是要对某些特定的平台如微信、微博等进行定期清理，一方面，避免相关的行为习惯被网站获取，在填写信息资料时不要填写过于详细，尤其是手机号码、收入情况等；另一方面，减少在朋友圈等进行信息的发布，防止在展现自我、发布信息过程中对隐私的泄露。此外，避免登录用户较少的移动社交媒体平台，不要随意连接好友发过来的链接信息，尤其是涉及第三方网站的，用户更要谨慎，防止信息分享给第三方，更加谨慎使用移动社交媒体，拒绝盲目信任移动社交媒体的网络环境。

3. 合理有效使用移动社交媒体

用户在使用移动社交媒体时，要特别注意对相关信息资料的录入程度。从用户资料的填写来说，避免将敏感性的收入信息、个人身份信息等提供给移动社交媒体。在注册相关的移动社交媒体账号时，应当特别注意对移动社交媒体的隐私声明或者隐私保护协议进行阅读，特别防范对个人信息填写过度详细。此外，当陌生人通过其他方式添加好友时，应当对浏览者进行分组设置，避免不怀好意的人别有用心地传播个人信息。此外，第三方链接或来历不明的链接不要随意点开，防止相关信息被泄露或者黑客获取相关的账号等其他信息。此外，在使用移动社交媒体过程中，可以通过数据加密、及时清理登录信息、更新杀毒软件等方式防止移动社交媒体中来历不明的攻击，包括病毒、垃圾邮件和恶意链接等。一旦用户的个人隐私安全受到不法侵害时，要主动通过行业媒体，或者法律手段等维护自身的合法权益。

二、对于企业层面

1. 企业通过技术和管理手段增强用户信任感

企业应当通过技术手段和管理手段加强用户的隐私保护。一方面，在信息方面增加移动社交媒体信息披露的透明度，当要使用用户的信息时需要提示或者告知用户如何收集和使用数据，只有用户确认以后才能进行收集和处理数据，从而给用户一定的选择权。另一方面，通过管理手段提升用户对移动社交媒体的安全感。加强对平台本身的监督和管理，防止出现第三方利用移动社交媒体数据。

2. 加强数据保障体系建设，构建完善的隐私风险防范体系

企业应当在公司内部构建完备的数据保障系统，针对移动社交媒体 APP

软件的隐私风险，应该提前作出提醒，明确真实的标注其直接开发商信息以及收集用户信息的类型。一方面，出台必要的规章制度，针对数据处理和访问限制设定必要的规章制度，确定收集的个人数据范围是符合隐私政策要求。另一方面，不断加快技术的创新，通过各种技术手段保护合法收集的数据，不泄露、不转卖。特别是通过适度的监控，对出现明显侵犯他人隐私的信息应当及时删除。严格制订信息安全管理、网络安全应急制度、软件安全开发等安全制度，并按要求内部严格执行。

3. 提升用户的隐私风险意识

大多数隐私悖论产生的主要原因不是由于用户对于隐私的放任态度，而是用户未预料到披露隐私可能产生的潜在后果，以及这一后果可能会造成极具破坏性的作用。为此，企业对用户所存储的相关数据进行有效的保护，明确个人数据的用途、目的、处理情况、流转情况和共享情况。如果用户数据需要由第三方数据处理，那么需要遵循该国的法规。此外，企业需要明晰数据泄露的具体责任，一旦数据泄露，如何应对，数据处理者和数据控制者应当提前明确责任。通过发布有效的处理方法和使用特殊的工具等提升用户的隐私意识，扩大用户的隐私范围，提高用户的隐私风险意识。

三、政府和行业协会层面

对于行业协会来说：当前移动社交网络服务商为了自身利益往往不惜出卖用户的隐私而获利。因此，首先需要规范行业的标准，例如，对移动社交网络平台的默认设置选项要增加用户的隐私保护内容，特别是要防止用户在使用移动社交媒体时用户的隐私信息被暴露。其次，要进一步加强行业监督管理，通过技术手段防止用户的隐私信息被第三方非法盗取。最后，要加强市场监管力度，特别是针对恶意获取用户隐私的行为要给予经济或其他方面的惩罚，最大限度地保护移动社交媒体网络用户的合法权益。

1. 加强行业监管和市场管理

第一，对用户信息安全要引起足够的重视，相关部门要进一步对隐私保护法律体系进行完善和整合，避免某些移动社交媒体平台出现大规模的信息资料泄密等情况，从而危害社会公共安全。一方面，需要对特定类型的个人信息传播进行限制，防止某些用户在信息交流过程中肆意进行信息的披露。另一方面，行业协会要加强监管，特别是管控企业在获取个人信息后对相关的个人数据进行后续的使用，为此，需要对收据的收集和使用设置设定必要的边界，尤其是其利用超出用户预期时。第二，对于国家来说，应当进一步完善《个人信息保护法》，逐步完善网络隐私安全法律体系，从而维护国家的安全和社会的稳定，明确个人信息权益保护、信息处理者的义务以及主管机关的职权范围，从而为相关的个人信息权益保护提供切实有效的制度保障以及为信息产业发展提供有效的经营合法性边界。

2. 加强对个人敏感信息和身份信息的区分力度

首先，政府或行业机构应当明确企业需要获取哪些属于敏感信息，哪些属于身份信息，这些信息在公共领域的个人信息传播究竟会有什么影响。特别要强调对用户隐私安全的保障，加大对盗用用户隐私信息的违法行为的惩治力度，通过给予侵权事件强大的制裁力度，从而减少危害用户隐私安全的事件发生，维护移动社交网络用户的合法权益。其次，应当构建有效的网络信息管理机构，对相关的移动社交媒体软件进行有效管理，避免信息重复过载带来的各种资源的浪费，尤其是避免个人信息泄露途径的增多。减少资源浪费，从管理源头上加强个人信息的保护和使用，防止个人信息被不法分子滥用。

3. 加强个人数据和隐私保护的动态平衡

移动社交媒体数据安全和保护的悖论在于构建数据实时保护和有效运用的动态均衡体系，而这一体系的关键是加强对企业的监管力度，确保企业能够有效地下放用户自身的数据控制权。首先，通过合理分配使个人信息的掌控权交还用户，让用户具有信息知情权和处置权，能够自行对相关的信息存储实践设定具体的时限。其次，当移动社交媒体机构在接受行业规范监督的同时，需要强化隐私设置功能和隐私信息推动服务功能，确保用户能够准确获知哪些信息可以分享，哪些信息分享时可能带来潜在的风险。如移动社交媒体位置信息可能对用户的行踪、财产等产生一定的风险。最后，可以通过第三方机构如保险公司或信托机构对相关的数据进行保险或者信托服务。当移动社交媒体用户数据发生严重泄漏并且造成巨大的经济或其他损失时，用户可以向保险公司索赔。另外，用户将相关信息交于信托机构时也有利于对相关的数据进行监管，从而保证数据的有效利用。

  总之，移动社交媒体隐私风险的产生是多方面的，数据安全使用和个人信息控制成为企业需要考虑的重要问题。而隐私安全问题的核心在于移动社交媒体主动传播或者被动传播造成的隐私泄露风险。既体现了用户自我控制和自我披露之间的矛盾，又反映了移动社交媒体企业信息管理和信息控制的能力。移动社交媒体隐私悖论的核心在于如何有效使用隐私信息，既要保障用户的合法权益和企业的使用数据的诉求，又要防止这种诉求超过必要的边界。为此，如何设定有效的隐私边界成为这场博弈的关键，同时也是网络安全实现的关键。通过法律的有效保护进行事后补救或者通过第三方的监管进行事前的防范都成为隐私防范的重要内容。

参考文献

[1] Kietzmann, J. H., Hermkens, K., Mccarthy, I. P., & Silvestre, B. S. Social media? Get serious! understanding the functional building blocks of social media [J]. *Business Horizons*, 2011, 54 (3): 241-251.

[2] 张学波, 张嘉懿, 李慧朋. 移动社交媒体用户隐私风险感知与保护策略 [J]. 新闻世界, 2018 (03): 49-52.

[3] 陈明红, 郑洁萍, 漆贤军. 移动社交媒体用户信息共享持续意愿研究 [J]. 情报理论与实践, 2017, 40 (04): 37-43.

[4] Sun, P. J. Security and privacy protection in cloud computing: Discussions and challenges [J]. *Journal of Network and Computer Applications*, 2020: 102642.

[5] 冯登国, 张敏, 李昊. 大数据安全与隐私保护 [J]. 计算机学报, 2014, 37 (01): 246-258.

[6] 蒋玉石, 张红宇, 贾佳, 杨力. 大数据背景下行为定向广告 (OBA) 与消费者隐私关注问题的研究 [J]. 管理世界, 2015 (08): 182-183.

[7] 陈堂发. 新媒体环境下隐私保护法律问题研究 [M]. 复旦大学出版社, 2018: 62-65.

[8] 王波伟, 李秋华. 大数据时代微信朋友圈的隐私边界及管理规制——基于传播隐私管理的理论视角 [J]. 情报理论与实践, 2016, 39 (11): 37-42.

[9] Maddux, J & Rogers, R. Protection motivation and self-efficacy: A revised theory of fear appeals and attitude change [J]. *Journal of Experimental Social Psychology*, 1983, 19: 469-479.

[10] 王树义, 朱娜. 移动社交媒体用户隐私保护对策研究 [J]. 情报理论与实践, 2013, 36 (07): 36-40.

[11] 刘泽刚. 大数据隐私的身份悖谬及其法律对策 [J]. 浙江社会科

学，2019（12）：21-30.

[12] Isaak J, Hanna M J. User data privacy: Facebook, Cambridge Analytica, and privacy protection [J]. *IEEE Computer*, 2018, 51 (8): 56-59.

[13] 陈美. 政府开放数据的隐私风险评估与防控：法国的经验 [J]. 情报资料工作, 2020, 41 (02): 99-105.

[14] 陈堂发. 论新媒体环境下隐私收缩性保护与价值差序 [J]. 湖南师范大学社会科学学报, 2019, 48 (03): 1-8.

[15] Banisar D., Davies S. Global trends in privacy protection: An international survey of privacy, data protection, and surveillance laws and development [J]. *Journal of Computer & Information Law*, 1999, 18 (1): 3-111.

[16] 吴小同. 大数据环境下隐私保护及其关键技术研究 [D]. 南京大学博士论文, 2017.

[17] Warren S. D., Brandeis L. D. The right to privacy [J]. *Harvard Law Review*, 1890, 4 (5): 193-220.

[18] 徐漪, 沈建峰. 大数据时代移动社交媒体中个人隐私泄露的风险与管控 [J]. 产业与科技论坛, 2018, 17 (15): 38-40.

[19] Hew, Jun-Jie, et al. The age of mobile social commerce: An Artificial Neural Network analysis on its resistances [J]. *Technological Forecasting and Social Change*, 2019, 144: 311-324.

[20] Kokolakis, S. Privacy attitudes and privacy behaviour: A review of current research on the privacy paradox phenomenon [J]. *Computers & security*, 2017, 64: 122-134.

[21] Chen, Jeng-Chung, and Quang-An Ha. Factors affecting the continuance to share location on social networking sites: The influence of privacy concern, trust, benefit and the moderating role of positive feedback and perceived promotion innovativeness [J]. *Contemporary Management Research*, 2019, 15 (2): 89-121.

[22] 殷乐, 李艺. 互联网治理中的隐私议题：基于社交媒体的个人生活分享与隐私保护 [J]. 新闻与传播研究, 2016, 23 (1): 69-77.

[23] Mosteller J. et al. Using regulatory focus theory to examine the privacy

paradox of consumers'social media engagement and online privacy protection behaviors [J]. *Journal of Interactive Marketing*, 2017, 39: 27 - 38.

[24] Liang H., Shen F., Fu K.. Privacy protection and self - disclosure across societies: A study of global Twitter users [J]. *New media & Society*, 2017, 19 (9): 1476 - 1497.

[25] Barth, S., et al. Putting the privacy paradox to the test: Online privacy and security behaviors among users with technical knowledge, privacy awareness, and financial resources [J]. *Telematics and informatics*, 2019, 41: 55 - 69.

[26] 鲍雪莹, 赵宇翔, 朱庆华. 社会化媒体信息共享虚拟空间特征及其对信息素养培育的启示 [J]. 图书馆工作与研究, 2015 (9): 104 - 108.

[27] Sohn D. Coping with information in social media: the effect of network structure and knowledge on perception of information value [J]. *Computers in Human Behavior*, 2014, 32: 145 - 151.

[28] Borgesius F. Z., Gray J, van Eechoud M. Open data, privacy, and fair information principles: Towards a balancing framework [J]. *Berkeley Technology Law Journal*, 2015, 30 (3): 2073 - 2131.

[29] Eldin A. M., Zuiderwijk A., Janssen M., et al. Opening More Data: A new privacy risk scoring model for open data [J]. *Business Modeling and Software Design*, 2017: 146 - 154.

[30] Endre Simay A., Gáti, Mirkó. Publicity in mobile and social media [J]. *Society & Economy*, 2019: 1 - 18.

[31] Barns S. Mine your data: Open data, digital strategies and entrepreneurial governance by code [J]. *Urban Geography*, 2016, 37 (4): 554 - 571.

[32] Stieglitz S., Dang - Xuan L. Emotions and information diffusion in social media - sentiment of microblogs and sharing behavior [J]. *Journal of Management Information System*, 2013, 29 (4): 217 - 248.

[33] 吴友富, 万岩, 范静, 范青鑫, 高丽. 大数据时代健康信息隐私管理的政府行为研究 [J]. 管理世界, 2017 (01): 174 - 175.

[34] 李唯嘉, 杭敏. 社交媒体中的隐私困境: 隐私边界与大数据隐忧 [J]. 编辑之友, 2019 (01): 55 - 60.

[35] 牛静, 孟筱筱. 社交媒体信任对隐私风险感知和自我表露的影响: 网络人际信任的中介效应 [J]. 国际新闻界, 2019, 41 (07): 91-109.

[36] Chen, R. Living a private life in public social networks: An exploration of member self-disclosure [J]. Decision Support Systems, 2013, 55 (3): 661-668.

[37] Zhou T. The effect of network externality on mobile social network site continuance [J]. Program: Electronic Library and Information Systems, 2015, 49 (3): 289-304.

[38] Wang X., Liu Z. Online engagement in social media: A cross-cultural comparison [J]. Computers in Human Behavior, 2019, 97 (8): 137-150.

[39] Jozani M., Ayaburi E., Ko M., et al. Privacy concerns and benefits of engagement with social media-enabled apps: A privacy calculus perspective [J]. Computers in Human Behavior, 2020, 107: 206-260.

[40] Zhang Y., Chen X., Li J., et al. Ensuring attribute privacy protection and fast decryption for outsourced data security in mobile cloud computing [J]. Information Sciences, 2017, 379: 42-61.

[41] Obar J. A. et al. The biggest lie on the internet: Ignoring the privacy policies and terms of service policies of social networking services [J]. Information, Communication & Society, 2020, 23 (1): 128-147.

[42] 丁红发, 孟秋晴, 王祥等. 面向数据生命周期的政府数据开放的数据安全与隐私保护 [J]. 情报杂志, 2019, 38 (7): 131-159.

[43] Kassen M. Open data and e-government-related or competing ecosystems: a paradox of open government and promise of civic engagement in Estonia [J]. Information Technology for Development, 2019, 25 (3): 552-578.

[44] Feng Q., He D., Zeadally S., et al. A survey on privacy protection in blockchain system [J]. Journal of Network and Computer Applications, 2019, 126: 45-58.

[45] Ghani N. A., Hamid S., Hashem I. A. T., et al. Social media big data analytics: A survey [J]. Computers in Human Behavior, 2019, 101: 417-428.

[46] Ayaburi E., Treku D. Effect of penitence on social media trust and priva-

cy concerns: The case of Facebook [J]. *International Journal of Information Management*, 2020, 50: 171-181.

[47] 成燕, 梅姝娥, 仲伟俊. 电子商务中消费者隐私信息保险的作用机制及影响 [J]. 系统管理学报, 2020, 29 (01): 91.

[48] Smith H. J., Milberg S. J. Information privacy: measuring individuals' concerns about organizational practices [J]. *Management Information Systems Quarterly*, 1996, 20 (2): 167-196.

[49] 孙保营, 唐晶晶. 移动社交时代"隐私悖论"的困局及破解 [J]. 新闻爱好者, 2017 (07): 13-18.

[50] Wisniewski P., Xu H., Lipford H. R., et al. Facebook apps and tagging: The trade-off between personal privacy and engaging with friends [C]. *Association for Information Science and Technology*, 2015, 66 (9): 1883-1896.

[51] 张会平, 杨京典, 汤志伟. 社交媒体用户信息隐私关注的形成机制研究 [J]. 情报理论与实践, 2017, 40 (06): 40-43.

[52] Ooi K., Hew J., Lin B., et al. Unfolding the privacy paradox among mobile social commerce users: a multi-mediation approach [J]. *Behaviour & Information Technology*, 2018, 37 (6): 575-595.

[53] Nosko A., Eileen W., and Seija M. All about me: Disclosure in online social networking profiles: The case of Facebook [J]. *Computers in human behavior*, 2010, 26 (3): 406-418.

[54] Wang T., Duong, T. D., & Chen, C. C. Intention to disclose personal information via mobile applications: A privacy calculus perspective [J]. *International Journal of Information Management*, 2016, 36 (4): 531-542.

[55] Jeong Y., Kim Y. Privacy concerns on social networking sites: Interplay among posting types, content, and audiences [J]. *Computers in Human Behavior*, 2017 (69): 302-310.

[56] Choi T. R., Sung Y. Instagram versus Snapchat: Self-expression and privacy concern on social media [J]. *Telematics and informatics*, 2018, 35 (8): 2289-2298.

[57] Spiller K. "Putting everything up there": Framing how we navigate the

intricacies of privacy and security on social media [J]. *Humanity & society*, 2020 (1): 016059762090450.

[58] Min J., & Kim B. How are people enticed to disclose personal information despite privacy concerns in social network sites? The calculus between benefit and cost. *Journal of the Association for Information Science and Technology*, 2015, 66 (4): 839 – 857.

[59] Zahra A., & Srinivasan V. R. Information disclosure and privacy paradox: The role of impulsivity [J]. *ACM SIGMIS Database: the DATABASE for Advances in Information Systems*, 2020, 51 (1): 14 – 36.

[60] Perentis C., Vecovi M., Leonardi C., et al. Anonymous or not? Understanding the factors affecting personal moile data disclosure [J]. *ACM Transactions on Internet Technology*, 2017, 17 (2): 1 – 19.

[61] Xie W., Fowler – Dawson A., Tvauri A. Revealing the relationship between rational fatalism and the online privacy paradox [J]. *Behaviour & Information Technology*, 2019, 38 (7): 742 – 759.

[62] Gruzd A., Hernández – García Á. Privacy concerns and self – disclosure in private and public uses of social media [J]. *Cyberpsychology, Behavior, and Social Networking*, 2018, 21 (7): 418 – 428.

[63] 王雪芬, 赵宇翔, 朱庆华. 社交媒体环境下的用户隐私关注研究现状 [J]. 情报学报, 2015, 34 (12): 1322 – 1334.

[64] Wu X., Wu T., Khan M., et al. Game theory based correlated privacy preserving analysis in big data [J]. *IEEE Transactions on Big Data*, 2017: 1 – 1.

[65] 刘百灵, 万璐璐. 基于移动服务的隐私政策 Petri 网协商算法 [J]. 系统管理学报, 2019, 28 (02): 231 – 239.

[66] 蒋晓丽, 林正. 传播隐私管理视阈下社会化媒体个人信息分享的边际困境 [J]. 湖南科技大学学报 (社会科学版), 2019, 22 (01): 145 – 153.

[67] 张晓娟, 田馨溗. 移动社交媒体用户隐私悖论现象的产生路径研究——基于 fsQCA 的实证分析 [J]. 情报理论与实践, 2020, 43 (11): 92 – 97.

[68] 张艳丰, 刘亚丽, 彭丽徽. 硬规则下移动社交媒体用户隐私政策阅读感知测度实证研究 [J]. 图书情报工作, 2021, 65 (04): 49 – 60.

[69] June W., Yuan L., June L., et al. Assessment of information security impacts on mobile social media [J]. *International Journal of Mobile Communications*, 2021, 19 (3): 1 – 10.

[70] 窦悦. 数据开放共享与个人隐私保护对策研究——层次数据与算法问责 [J]. 现代情报, 2021, 41 (07): 146 – 153.

[71] 申琦, 闫玲玲. 社交规模、社交经验与隐私管理边界——基于新浪微博用户的数据挖掘研究 [J]. 河北经贸大学学报 (综合版), 2021, 21 (02): 43 – 52.

[72] 赵江, 何诗楠. 定向广告中消费者隐私态度对行为意愿的影响机制 [J]. 系统管理学报, 2021, 30 (02): 373 – 384.

[73] Reza, K. J., Md Zahidul I., and Vladimir E. C. Privacy protection of online social network users, against attribute inference attacks, through the use of a set of exhaustive rules [J]. *Neural Computing and Applications*, 2021: 1 – 31.

[74] PIAO, Chunhui, et al. Privacy protection in government data sharing: an improved LDP – based approach [J]. *Service Oriented Computing and Applications*, 2021: 1 – 14.

[75] 朱侯, 李佳纯. 社交媒体用户隐私设置行为实证研究——以微信平台为例 [J]. 现代情报, 2020, 40 (03): 169 – 177.

[76] Dursun T., stünda B. B. A novel framework for policy based on – chain governance of blockchain networks [J]. *Information Processing and Management*, 2021, 58 (4): 102556.

[77] Dyda A., Purcell M., Curtis S., et al. Differential privacy for public health data: An innovative tool to optimize information sharing while protecting data confidentiality [J]. *Patterns*, 2021, 2 (12): 100366.

[78] Brandon S. C. What's mine is yours: Targeting privacy issues and determining the best solutions for behavioral advertising [J]. *The John Marshall Journal of Computer & Information Law*, 2012, 29 (4): 637 – 672.

[79] Turow J, King J, Hoofnagle C J, Bleakley A, Hennessy M. Americans reject tailored advertising [R]. USA: University of Pennsylvania, 2009. http://ssrn.com/abstract = 1478214.

［80］Cranor L. F. Can users control online behavioral advertising effectively? [J]. *IEEE Security & Privacy*, 2012, 10（2）：93 - 96.

［81］郑大庆, 黄丽华, 张成洪, 张绍华. 大数据治理的概念及其参考架构 [J]. 研究与发展管理, 2017, 29（04）：65 - 72.

［82］Smith H. J., Milberg S. J., Burke S J. Information privacy: measuring individuals' concerns about organizational practices [J]. *MIS quarterly*, 1996: 167 - 196.

［83］Tang, Z., Hu, Y., Smith, M. Gaining trust through online privacy protection: Self - regulation, mandatory standards, or caveat emptor [J]. *Journal of Management Information Systems*, 2008, 24（4）：153 - 173.

［84］Smit E. G., Van Noort G., Voorveld H. A. M. Understanding online behavioural advertising: User knowledge, privacy concerns and online coping behaviour in Europe [J]. *Computers in Human Behavior*, 2014, 32：15 - 22.

［85］徐漪, 沈建峰. 大数据时代移动社交媒体中个人隐私泄露的风险与管控 [J]. 产业与科技论坛, 2018, 17（15）：38 - 40.

［86］田占伟. 基于复杂网络的微博信息传播研究 [D]. 哈尔滨工业大学, 2012.

［87］Milgram S. The small world problem [J]. Psychology today, 1967, 2（1）：60 - 67.

［88］Barabási A. L., Albert R. Emergence of scaling in random networks [J]. science, 1999, 286（5439）：509 - 512.

［89］毛凯. 复杂网络结构的稳定性与鲁棒性研究 [J]. 计算机科学, 2015（04）：85 - 88.

［90］Kwon Y. K., Cho K. H. Analysis of feedback loops and robustness in network evolution based on Boolean models [J]. Bmc Bioinformatics, 2007, 8（430）.

［91］Ash J., Newth D. Optimizing complex networks for resilience against cascading failure [J]. Physica A: Statistical Mechanics and its Applications, 2007, 380：673 - 683.

［92］Gao L., Li M. H., Wu J. S., et al. Betweenness - based attacks on nodes and edges of food webs [J]. Dynamicsof Continuous Discrete and Impulsive System Series B, 2006, 13 (3/4): 421.

[93] 赵莉. 基于复杂网络视角的企业组织鲁棒性分析 [J]. 统计与决策, 2013 (15): 174-177.

[94] 吴丹, 赵江. 双向级联反馈模式的网络图书广告传播机制和策略 [J]. 浙江理工大学学报（社会科学版）, 2016 (04): 361-365.

[95] 秦效宏, 黄光球. 基于复杂网络理论的企业营销网络鲁棒性分析 [J]. 商业研究, 2010 (11): 68-71.

[96] 张超, 张凤鸣, 王瑛等. 基于复杂网络视角的航空通信网络鲁棒性分析 [J]. 系统工程与电子技术, 2015, 37 (1): 180-184.

[97] 杨剑军, 战洪飞, 黄利民. 知识传播复杂网络的鲁棒性研究 [J]. 科技进步与对策, 2010, 27 (13): 10-12.

[98] 陆靖桥, 傅秀芬, 蒙在桥. 复杂网络的鲁棒性与中心性指标的研究 [J]. 计算机应用与软件, 2016, 33 (4): 302-306.

[99] 李勇. 复杂网络理论与应用研究 [D]. 华南理工大学, 2005.

[100] 张晓光. 网络拓扑结构与传播动力学分析 [D]. 中北大学, 2014.

[101] Pastor-Satorras R., Vespignani A. Epidemic spreading in scale-free networks [J]. Physical review letters, 2001, 86 (14): 3200.

[102] Wu J., Gao Z., Sun H. Simulation of traffic congestion with SIR model [J]. Modern Physics Letters B, 2004, 18 (30): 1537-1542.

[103] Hethcote H. W., Van den Driessche P. An SIS epidemic model with variable population size and a delay [J]. Journal of mathematical biology, 1995, 34 (2): 177-194.

[104] Moreno Y., Pastor-Satorras R., Vespignani A. Epidemic outbreaks in complex heterogeneous networks [J]. The European Physical Journal B-Condensed Matter and Complex Systems, 2002, 26 (4): 521-529.

[105] Martin, K. D., Borah, A., & Palmatier, R. W.. Data Privacy: Effects on Customer and Firm Performance. [J]. *Journal of Marketing*, 2017, 81 (1): 36-58.

[106] Tucker C. E. Social networks, personalized advertising, and privacy

controls [J]. *Journal of Marketing Research*,2014,51 (5): 546-562.

[107] Turner J. The planning of guaranteed targeted display advertising [J]. *Operations Research*,2012,60 (1): 18-33.

[108] 赵江. 智慧营销背景下定向广告悖论调节机制与优化路径研究 [M]. 北京：中国财政经济出版社，2022.

附　　录

移动社交媒体隐私保护和数据开放的调查问卷

尊敬的先生/女士:

　　您好,非常感谢您参与本次调研问卷。本次调查旨在了解移动社交媒体用户对于隐私安全和数据开放的看法和相关行为,本次调查结果仅作为学术研究之用,涉及您的个人信息部分内容将作严格保密,请您根据实际情况填写。相关调查预计花费 10～15 分钟,再次感谢您的配合。

第一部分:基本信息

1. 您的性别□ 男 □ 女
2. 您的年龄
   □ 18 岁以下
   □ 18～26 岁
   □ 27～35 岁
   □ 36～44 岁
   □ 45 岁及以上
3. 受教育的程度
   □ 高中及以下
   □ 专科
   □ 本科
   □ 硕士及以上
4. 您经常使用以下哪些移动社交软件满足自身需求?
   □ 微信
   □ 抖音

☐ 微博

☐ 知乎

☐ 陌陌

☐ 百度贴吧

☐ Facebook

☐ Twitter

☐ 其他

5. 您每天使用移动社交媒体的平均时长

A. 2小时以下　　B. 2~4小时　　C. 4~6小时　　D. 6小时以上

第二部分：数据开放认知

一、数据开放的认知

1. 您了解数据开放为我们带来的便利性

非常不同意　☐ 1　☐ 2　☐ 3　☐ 4　☐ 5　非常同意

2. 您认为自己理解目前数据开放的条例政策

非常不同意　☐ 1　☐ 2　☐ 3　☐ 4　☐ 5　非常同意

3. 您认为移动社交媒体数据开放会提高交互性

非常不同意　☐ 1　☐ 2　☐ 3　☐ 4　☐ 5　非常同意

4. 您认为数据开放的信息可能会被他人非法获取

非常不同意　☐ 1　☐ 2　☐ 3　☐ 4　☐ 5　非常同意

5. 您认为数据开放是否意味着隐私泄露

非常不同意　☐ 1　☐ 2　☐ 3　☐ 4　☐ 5　非常同意

6. 您认为在数据开放的同时企业具备相应的安全保障能力

非常不同意　☐ 1　☐ 2　☐ 3　☐ 4　☐ 5　非常同意

二、数据开放的态度

1. 您认为自己是否支持移动社交媒体的数据开放

非常不同意　☐ 1　☐ 2　☐ 3　☐ 4　☐ 5　非常同意

2. 您对于移动社交媒体企业的数据开放内容是否满意

非常不同意　☐ 1　☐ 2　☐ 3　☐ 4　☐ 5　非常同意

3. 您认为数据开放可以公开浏览记录

非常不同意　□ 1　□ 2　□ 3　□ 4　□ 5　非常同意

4. 您介意数据公开自己的个人身份信息

非常不同意　□ 1　□ 2　□ 3　□ 4　□ 5　非常同意

5. 您认为应该在权益受到侵害后再采取措施

非常不同意　□ 1　□ 2　□ 3　□ 4　□ 5　非常同意

6. 您认为第三方利用开放数据后应当向用户提供经济补偿

非常不同意　□ 1　□ 2　□ 3　□ 4　□ 5　非常同意

三、数据开放的行为

1. 您会允许移动社交媒体获取您的权限（位置信息、相机访问、麦克风访问、电话、日历、信息）

非常不同意　□ 1　□ 2　□ 3　□ 4　□ 5　非常同意

2. 您会在移动社交媒体登录自己的账号以后删除登录相关信息

非常不同意　□ 1　□ 2　□ 3　□ 4　□ 5　非常同意

3. 您在社交平台进行发言时，时常不使用自己的真实信息

非常不同意　□ 1　□ 2　□ 3　□ 4　□ 5　非常同意

4. 您会在手机或电脑上安装相关的安全管家软件来对相关数据进行整理

非常不同意　□ 1　□ 2　□ 3　□ 4　□ 5　非常同意

5 您愿意企业根据移动社交媒体行为偏好发送相关的网络广告

非常不同意　□ 1　□ 2　□ 3　□ 4　□ 5　非常同意

6. 您会在网页浏览时选择系统记住密码

非常不同意　□ 1　□ 2　□ 3　□ 4　□ 5　非常同意

第三部分：隐私保护认知

请您仔细阅读以下陈述，选择一个和您自身实际相匹配的数字。其中：1 = 非常不同意；2 = 比较不同意；3 = 同意；4 = 比较同意；5 = 非常同意。数字越大表示成都越高。

1. 您认为移动社交媒体具有真实性

非常不同意　○ 1　○ 2　○ 3　○ 4　○ 5　非常同意

2. 您认为移动社交媒体具有虚拟性

非常不同意　○ 1　○ 2　○ 3　○ 4　○ 5　非常同意

3. 您认为移动社交媒体具有私密性

非常不同意　○ 1　○ 2　○ 3　○ 4　○ 5　非常同意

4. 您认为移动社交媒体具有公共性

非常不同意　○ 1　○ 2　○ 3　○ 4　○ 5　非常同意

5. 您认为移动社交媒体数据具有共享性

非常不同意　○ 1　○ 2　○ 3　○ 4　○ 5　非常同意

6. 您认为自己充分了解移动社交媒体的用户隐私保护协议

非常不同意　○ 1　○ 2　○ 3　○ 4　○ 5　非常同意

7. 您认为自己充分了解移动社交媒体的用户数据开放过程

非常不同意　○ 1　○ 2　○ 3　○ 4　○ 5　非常同意

8. 您认为自己充分信任移动社交媒体的用户隐私保护协议

非常不同意　○ 1　○ 2　○ 3　○ 4　○ 5　非常同意

9. 您认为自己充分了解各移动社交媒体产品的隐私设置

非常不同意　○ 1　○ 2　○ 3　○ 4　○ 5　非常同意

第四部分：隐私保护的态度

请您仔细阅读以下陈述，选择一个和您自身实际相匹配的数字。其中：1 = 非常不担心；2 = 比较不担心；3 = 担心；4 = 比较担心；5 = 非常担心。数字越大表示成都越高。

1. 您担心注册并使用移动社交媒体的个人隐私会受到泄露或侵犯

非常不担心　○ 1　○ 2　○ 3　○ 4　○ 5　非常担心

2. 您担心打开链接、使用签到等功能时会因此受到广告骚扰

非常不担心　○ 1　○ 2　○ 3　○ 4　○ 5　非常担心

3. 您担心在使用移动社交媒体平台时个人信息会受到病毒、黑客等的攻击而泄露

非常不担心　○ 1　○ 2　○ 3　○ 4　○ 5　非常担心

4. 您担心在发布信息、使用签到等功能时生活轨迹等个人信息被推测或泄露

非常不担心　○ 1　○ 2　○ 3　○ 4　○ 5　非常担心

5. 您担心在使用好友推荐功能时好友关系被推测或泄露

非常不担心　○ 1　○ 2　○ 3　○ 4　○ 5　非常担心

6. 您担心在使用转发和分享功能时兴趣动向被推测或泄露

非常不担心　○ 1　○ 2　○ 3　○ 4　○ 5　非常担心

第五部分：隐私保护的行为

1. 您如何评价自己在使用移动社交媒体时对相关数据的保护程度

非常不重视　○ 1　○ 2　○ 3　○ 4　○ 5　非常重视

2. 您在安装移动社交媒体产品时，是否会阅读其用户隐私保护协议

　　○ 1 从不阅读

　　○ 2 偶尔阅读

　　○ 3 有时阅读

　　○ 4 经常阅读

　　○ 5 总是阅读

3. 若移动社交媒体平台产品申请访问您的位置信息，您会

　　○ 1 从不允许

　　○ 2 偶尔允许

　　○ 3 仅在使用时允许

　　○ 4 大部分允许

　　○ 5 总是允许

4. 您会允许移动社交媒体获取您的哪些权限

　　□ 位置信息访问权限

　　□ 相机访问权限

　　□ 麦克风访问权限

　　□ 通讯录访问权限

　　□ 电话访问权限（通话状态和移动网络信息）

　　□ 日历访问权限

5. 若移动社交媒体平台泄露了您的相关隐私，您会感到

　　○ 1 非常不在意

　　○ 2 比较不在意

○ 3 在意

○ 4 比较在意

○ 5 非常在意

6. 若发现个人信息被泄露，您会选择什么途径解决

□ 不予理睬或自认倒霉

□ 与服务提供商协商解决

□ 向消费者协会或行业协会反馈

□ 寻求媒体帮助

□ 其他手段

后　　记

"乡书何处达,归雁洛阳边。本书的写作源于从乡书到对移动社交媒体飞速发展的深切感慨。从社会的进程来看,人塑造了媒介;反过来,媒介同时也塑造了人。媒介的种类伴随着人类发展史,从最初的家书到短信,到QQ,再到微信,人与人之间的交流沟通方式越来越多,通过交流沟通从而形成人类绵延的文化并得以传承。然而,随着交流方式的增多,人们经常会面临"马上相逢无纸笔,凭君传语报平安"的文化困境。这就需要人重新以更加理性的眼光去审视媒介的价值,去重新理解不同媒介带来的文化异质性。特别是随着移动社交媒体的快速发展给企业和用户都带来了许多现实问题,数据泄露、安全隐患,甚至是移动社交媒体平台困倦症等问题接踵而来,这就需要重新审视对媒介本身的选择和优化。虽然,移动社交媒体发展迅速,但是移动社交媒体平台面临的各种潜在问题始终影响着移动社交媒体自身的发展。

"古往今来只如此,牛山何必独沾衣。"移动社交媒体的传播、移动社交媒体的数据共享等,围绕移动社交媒体可以研究的内容非常多,如何选择有效的研究视角,并有针对性地作出高质量的研究很难。正所谓"看似寻常最奇崛,成如容易却艰难",本书从移动社交媒体传播面临的数据开放和隐私保护的悖论出发,运用博弈模型、直觉模糊模型等进行分析,通过研究移动社交媒体传播的关键性问题,即数据开放度和隐私保护度的关系来分析移动社交媒体的作用。通过将这一矛盾纳入同一研究范式,可以深刻理解移动社交媒体的信息传播过程。荀子《劝学》有云:"锲而舍之,朽木不折;锲而不舍,金石可镂"。对移动社交媒体的研究始终断断续续,特别是移动社交媒体的发展已经远远走在了理论的前面,理论的总结总是感到捉襟见肘。包括云计算、人工智能、大数据分析等对移动社交媒体的影响是深远的。以往针对社交媒体的研究更多偏重于文化传播等内容。依赖于对文化传播理论的重新认识,作者也重新审视了自身对移动社交媒体发展的认知,特别是很多移动社交媒体企业亟待选择有效的经营模式,加快管理创新,从而推动企业发展,但是如何有效利用数据并规避不必要的法律问题,继续走在时代的前列成为企业需要考虑的重中之重。

一直以来,秋瑾女侠的坚韧、努力成为我辈学习的偶像,女侠曾言:"万里乘云去复来,只身东海挟春雷。"无论移动社交媒体怎么变化,就需要抽丝剥茧,找到关键所在。这就是作者这些年对于移动社交媒体发展的研究心得。本书的出版既传承传统,又展望未来。笔者力求通过简明扼要的叙述和扎实的理论模型体系构建完整的移动社交媒体发展脉络。通过详细分析移动社交媒体发展的数据开放特性、隐私保护特性,并构建两者的关联性,通过悖论模型深入阐述移动社交媒体信息传播的双目标性。如何平衡数据开放与隐私保护,寻找出最有效的结果成为移动社交媒体的重中之重。本书的相关研究得益于浙江省社会科学规划项目基金以及绍兴文理学院引进人才科研启动基金,相关的出版经费得益于绍兴文理学院科研启动经费的大力支持,并在绍兴文理学院商学院周鸿勇教授、王瑾教授,艺术学院院长童师柳教授、系主任黄章敏副教授的帮助下,本书得以付梓。

"萧索空宇中,了无一可悦!历览千载书,时时见遗烈。"本书在写作过程中阅读了大量的移动社交媒体相关参考文献,通过调研深入了解用户对移动社交媒体的数据安全的担忧,并实地走访了相关的企业。完稿后又经过多次修改和校订才让本书得以露出面容。然而,由于移动社交媒体的种类繁多,使用人数众多,移动社交媒体需要研究的内容也更广,包括移动社交媒体的文化传播、移动社交媒体的用户行为、移动社交媒体的营销评估等都是移动社交媒体的研究热点。因此,本书针对移动社交媒体数据开放和隐私保护的悖论研究只是移动社交媒体领域的"管中窥豹"。然而,作者通过实证研究和理论分析发现,无论是移动社交媒体数据的有效开放也罢,针对用户的隐私保护也罢,最终都可能面临政府更强有力的监管,而一旦政府进行监管,这只"有形的手"则可能对整个市场格局产生重大的影响。因此,如何通过政府有效监管,将"无形的手"和"有形的手"有效结合,通过技术创新和管理创新,在保护好移动社交媒体用户数据的前提下,利用好用户数据提升企业的绩效以及用户共创价值并加快企业的发展仍然有许多问题值

后　记

得思考。

"雄关漫道真如铁，而今迈步从头越"，最后希望本书的出版能够为移动社交媒体企业的发展，尤其是国家对数据安全、隐私保护等相关政策的颁布等提供一定的智力支持，同时也能对用户的隐私保护给予一定的帮助。

吴　丹　赵　江

2023 年 1 月 15 日